Deutsch

ABSCHLUSS-
PRÜFUNGS-
TRAINER

Mittlerer Schulabschluss
Nordrhein-Westfalen

Erarbeitet von
Inga Alkämper,
Mara Obermann und
Hermann Wübbels

 Deine Online-Angebote findest du hier:

1. Melde dich auf scook.de an.
2. Gib den unten stehenden Zugangscode in die Box ein.
3. Hab viel Spaß mit den Online-Angeboten.

Dein Zugangscode auf
www.scook.de

Die Online-Angebote können dort nach Bestätigung der AGB und Lizenzbedingungen genutzt werden.

3embg-bgupt

Cornelsen

Textquellenverzeichnis:
S. 6–7: Probst, Stephanie: Das kann kein Meer mehr schlucken: Unsere Ozeane versinken im Plastikmüll. Aus: http://www.wwf.de/themen-projekte/meere-kuesten/unsere-ozeane-versinken-im-plastikmuell/ [26.10.2016]; **S. 12–13:** Viering, Kerstin: Verloren in der Antarktis. Aus: Berliner Zeitung, Nr. 262, 10.11.2015, S. 12; **S. 22:** Wichelhaus, Heiko: Alles andere als Kräutertee … Sport- und Schlankheitsmittel aus dem Internet. Aus: https://www.checked4you.de/nem [26.10.2016]; **S. 23:** Power durch Pillen? Kein Sportersatz für Jugendliche! Aus: http://www.verbraucher-zentrale.nrw/Power-durch-Pillen-Kein-Sportersatz-fuer-Jugend-liche-2 [26.10.2016]; **S. 23:** Timtschenko, Maria: Jugendliche im Fitnessstudio: Ich pumpe, also bin ich. Aus: http://www.spiegel.de/lebenundlernen/schule/jugendliche-im-fitnessstudio-hobby-sport-oder-koerperwahn-a-919483.html [26.10.2016]; **S. 24:** Deutsch, Christine: Training als Jugendlicher: Ab welchem Alter ins Bodybuilding einsteigen? Aus: http://www.fitness.de/blog/fitness/training-als-jugendlicher-ab-welchem-alter-ins-bodybuilding-einsteigen/ [26.10.2016]; **S. 43–44:** Breyer, Ariane: Ist das normal? Aus: http://www.zeit.de/2015/44/eltern-fami-lie-smartphone-computer-fragen-experten [26.10.2016]; **S. 45:** Kluin, Katharina u. Leitzgen, Anke: Die wilden Jahre. In: Stern vom 04.08.2016, S. 35; **S. 49–50:** Zimmermann, Tanja: Sommer-schnee. Aus: Bolte, Marion (Hrsg.): Total verknallt. Ein Liebesle-sebuch. Rowohlt Taschenbuchverlag, Reinbek 1994; **S. 60:** Käst-ner, Erich: Sachliche Romanze. Aus: Leonhardt, Rudolf Walter (Hrsg.): Kästner für Erwachsene. © Atrium Verlag AG Zürich 1966; **S. 63:** Wikipedia: Gebrauchslyrik (Auszug). Online unter: https://de.wikipedia.org/wiki/Gebrauchslyrik [14.02.1016]. Der Artikel steht unter Creative-Commons-Lizenz: https://de.wikipedia.org/wiki/Wikipedia:Lizenzbestimmungen_Creative_Commons_At-tribution-ShareAlike_3.0_Unported [13.02.2016], die Versionsge-schichte ist abrufbar unter https://de.wikipedia.org/w/index.php?title=Gebrauchslyrik&action=history [13.02.2016]; **S. 64 (oben):** Duden Online-Wörterbuch: „Romanze" (Auszug). Aus: http://www.duden.de/rechtschreibung/Romanze [13.02.2016]; **S. 64 (unten):** Duden Online-Wörterbuch: „Sachlich" (Auszug). Zitiert nach: http://www.duden.de/rechtschreibung/sachlich [13.02.2016]; **S. 68–69:** Imdahl, Ines u. Kron, Caroline: Selbstbewusstsein aus dem Tiegel. Aus: http://www.rheingold-salon.de/grafik/veroef-fentlichungen/Jugendstudie_Rheingold_ksta17.2.2006.pdf [26.10.2016]; **S. 73–74:** Bajrami, Besart: 10 Gründe, die euch zeigen, warum sich ein Auslandsjahr lohnt. Aus: http://www.huffingtonpost.de/besart-bajrami/10-gruende-die-fuer-ein-auslandsjahr_b_9216320.html?utm_hp_ref=germany [26.10.2016]; **S. 74–75:** Krentz, Sven u. Scharpenecker, Peter: Auslandsjahr als Real- oder Hauptschüler. Aus: http://www.schueleraustausch-abc.de/20091018/auslandsjahr-als-real-oder-hauptschueler/ [26.10.2016]; **S. 75:** Binder, Elisabeth: Ein anderes Bild von Amerika. Aus: http://www.tagesspiegel.de/berlin/schule/schueleraustausch-fuer-hauptschueler-ein-anderes-bild-von-amerika/1247198.html [26.10.2016]; **S. 76:** Erdmann, Kathrin: Familienaustausch als Kulturbrücke. Aus: http://www.dw.com/de/familienaustausch-als-kulturbrücke/a-1842258 [26.10.2016]; **S. 76–77:** Tipps, wie du deinen Schüler-austausch finanzieren kannst. Aus: https://www.travelworks.de/schueleraustausch-finanzierung.html [26.10.2016]; **S. 78–79:** Dische, Irene: Loves/Lieben. Erzählungen. Aus dem Englischen von Reinhard Kaiser. Verlag Hoffmann & Campe, Hamburg 2007; **S. 80:** Hesse, Hermann: Im Nebel. Aus: Hesse, Hermann: Sämt-liche Gedichte. Suhrkamp Verlag, Frankfurt a. M. 1992.

Bildquellenverzeichnis:
S. 5: Colourbox/Gina Sanders; **S. 6:** action press/Ferrari Press Agency; **S. 11:** © 2015, NLWKN, NLPV; SFA, NABU-Bundesverband. Das Projekt wurde gefördert vom Niedersächsischen Ministeri-um für Umwelt, Energie und Klimaschutz; **S. 13:** Berliner Zei-tung/I. Galanty; **S. 15 (oben):** Interfoto/Mary Evans; **S. 15 (unten):** Colourbox; **S. 18:** Fotolia/arborpulchra; **S. 22 (links):** Fotolia/Knut Wiarda; **S. 22 (rechts):** Fotolia/Peter Hermes Furia; **S. 26:** Fotolia/PhotoSG; **S. 29:** Fotolia/rico287; **S. 34:** Fotolia/FM2; **S. 42:** Fotolia/Oliver Boehmer – bluedesign®; **S. 44 (oben):** Fotolia/Africa Studio; **S. 44 (unten):** nach Stern (32/2016); **S. 48:** Fotolia/alphaspirit; **S. 58:** Fotolia/rosifan19; **S. 61:** bpk/Alexander Burkatowski/©Succession Picasso/VG Bild-Kunst Bonn 2016; **S. 64 (oben):** Fotolia/Oleg Parylyak; **S. 64 (unten):** Fotolia/magele-picture; **S. 68:** Shutterstock/Lucky Business; **S. 72:** Fotolia/Dan Race; **S. 74:** Fotolia/lassedesignen; **S. 77:** Fotolia/Anna Murashova; **S. 80:** Colourbox/Joop Snijder

Redaktion: Janina Bachur, Karin Unfried
Illustrationen: Constanze Guhr, Berlin (S. 31); bildbad, Berlin (S. 21, 40, 46, 67, 79); Jana Muraitis, Berlin (S. 51, 53)
Umschlaggestaltung: Rosendahl, Berlin
Layoutkonzept und technische Umsetzung: Klein & Halm Grafikdesign, Berlin

www.cornelsen.de

Die Webseiten Dritter, deren Internetadressen in diesem Lehrwerk angegeben sind, wurden vor Drucklegung sorgfältig geprüft. Der Verlag übernimmt keine Gewähr für die Aktualität und den Inhalt dieser Seiten oder solcher, die mit ihnen verlinkt sind.

1. Auflage, 1. Druck 2017

Alle Drucke dieser Auflage sind inhaltlich unverändert und können im Unterricht nebeneinander verwendet werden.

© 2017 Cornelsen Verlag GmbH, Berlin

Druck: H. Heenemann, Berlin

978-3-06-206672-6

Inhaltsverzeichnis

Was erwartet dich in der Prüfung?

Liebe Schülerin, lieber Schüler,

demnächst legst du deine Zentrale Prüfung zum Mittleren Schulabschluss ab. Damit du weißt, was dich erwartet, wollen wir dir an dieser Stelle die wichtigsten Informationen zum Prüfungsablauf geben.

Die Prüfung besteht aus **zwei Teilen**: Der Erste Prüfungsteil überprüft dein Textverständnis und dauert 30 Minuten. Der Zweite Prüfungsteil besteht aus einer Schreibaufgabe. Dir werden zwei Schreibaufgaben zur Auswahl gestellt. Du hast dann 10 Minuten Zeit, um dich zwischen den Aufgaben zu entscheiden. Es folgen 120 Minuten Bearbeitungszeit.

Der **erste Teil der Prüfung** ist kürzer und hat einen niedrigeren Schwierigkeitsgrad.
Hier geht es hauptsächlich um deine Lesekompetenz. Du erhältst zunächst einen längeren Sachtext, oft mit dazugehörigem Diagramm (Grafik), sowie mehrere Blätter mit Aufgaben zu diesem Text. Diese können z. B. Multiple-Choice-Aufgaben sein oder Aufgaben, in denen du entscheiden sollst, ob Aussagen zum Text richtig oder falsch sind. Außerdem enthält der Aufgabenteil auch halboffene Aufgabenformate. Dazu gehören Verständnisfragen, in denen du Informationen aus Texten mit eigenen Worten erklären oder miteinander verknüpfen sollst.
Für die Bearbeitung dieses Prüfungsteils hast du 30 Minuten Zeit. Sobald du fertig bist, kannst du deine Arbeitsblätter abgeben und mit dem zweiten Teil beginnen.

Der **zweite Teil der Prüfung** ist anspruchsvoller und spielt bei der Bewertung die größere Rolle. Du bekommst zwei Aufgaben zur Auswahl. In einer der beiden Wahlaufgaben wird von dir die Analyse eines literarischen Textes (z. B. Gedicht, Romanauszug, Erzählung) verlangt. In der anderen Aufgabe könntest du eine Reihe von Materialien zu einem Thema vorgelegt bekommen, die du auswerten und vergleichen sollst, oder du sollst eine Argumentation verfassen. Um dich für eine Aufgabe zu entscheiden, hast du 10 Minuten Zeit.

Beginn 9.00 Uhr	
Bonuszeit zur ersten Orientierung	*10 Minuten*
1. Prüfungsteil	*max. 30 Minuten*
Abgabe spätestens 9.40 Uhr	
2. Prüfungsteil	Auswahlzeit *10 Minuten*
	Bearbeitungszeit *120 Minuten*
Abgabe spätestens 11.50 Uhr	
	Gesamt (maximal) *170 Minuten*

Deine Lehrerin oder dein Lehrer informiert dich darüber, welche Schwerpunkte für deinen Prüfungsjahrgang festgesetzt wurden. (Alle wichtigen Informationen zur Prüfung unter www.standardsicherung. schulministerium.nrw.de.)

Etwas ungewohnt ist für viele Schülerinnen und Schüler der **äußere Rahmen der Prüfung**. So werden in vielen Schulen die Arbeiten in speziellen Räumen (Aula oder Räume mit Einzeltischen) und/oder mit gesperrten Fluren geschrieben. Oft wird die Prüfung durch eine Lautsprecherdurchsage offiziell begonnen. Darüber hinaus werden die Abgabe der Prüfungshefte sowie Toilettengänge protokolliert. Schülerinnen und Schüler dürfen nur einzeln den Raum verlassen und dies auch nur außerhalb der offiziellen Pausen der Schule. Diese Maßnahmen können dich nervös machen. Deshalb ist es wichtig, dass du dich bei deiner Lehrerin oder deinem Lehrer erkundigst, wie an deiner Schule verfahren wird.
Im Fach Deutsch müssen mehrere Wörterbücher zur deutschen Rechtschreibung im Prüfungsraum bereitliegen. Das Mitführen von Handys ist ausdrücklich nicht erlaubt und kann als Täuschungsversuch gewertet werden.
Ansonsten entsprechen alle Prüfungsaufgaben den Aufgaben, die du im Unterricht in den letzten Jahren geübt hast. Mit diesem Aufgabenheft kannst du sie wiederholen, erproben und üben.

Viel Spaß beim Training mit diesem Heft und viel Erfolg bei der Prüfung!

Wie arbeitest du mit diesem Heft?

Wie du auf der vorherigen Seite erfahren hast, besteht die Prüfung aus zwei völlig unterschiedlichen Teilen. Durch gezielte Übungen lernst du mit diesem Heft alle Techniken kennen, die du für die Bearbeitung der beiden Teile brauchst. Darüber hinaus kannst du an konkreten Beispielen die Prüfungssituation trainieren.

Deshalb ist das Heft wie folgt aufgebaut:

Im **ersten Kapitel** findest du Übungen zum Ersten Prüfungsteil.

Du wiederholst,
– wie du erfolgreich Multiple-Choice-Aufgaben löst,
– wie du Fragen zum Text am besten beantwortest,
– wie du Tabellen und Diagramme entschlüsselst
und vieles andere mehr.

Im **zweiten Kapitel** kannst du Aufgaben trainieren, wie sie dich im Zweiten Prüfungsteil erwarten.

Auf diesen Seiten kannst du üben,
– wie du mit der Aufgabenstellung umgehst,
– wie du Abläufe planst,
– wie du informative Texte verfasst,
– wie du Texte analysierst und interpretierst,
– wie du argumentierst.

Alle wichtigen Arbeitsanweisungen (Operatoren) findest du **auf der vorderen inneren Umschlagseite** und die wichtigsten sprachlichen Mittel findest du **auf der hinteren inneren Umschlagseite**.

Im **dritten Kapitel** kannst du dann selbstständig Aufgaben erarbeiten, die an die Prüfungsaufgaben angelehnt sind. Achte dabei unbedingt auf die Zeit. Erfahrungsgemäß ist die Bearbeitungszeit für den ersten Prüfungsteil für viele Schülerinnen und Schüler knapp bemessen und du solltest im Vorfeld austesten, wie du dir die Zeit einteilst.

Mit dem beiliegenden **Lösungsteil** kannst du deine Ergebnisse überprüfen und – wenn nötig – verbessern.

> Zusätzlich kannst du dein Grundwissen mithilfe der Online-Übungen wiederholen und vertiefen. Nutze dazu den Zugangscode auf Seite 1 (www.scook.de).
>
> Ebenfalls online findest du die Originalprüfung 2016 mit Lösungen sowie die Lösungen zu diesem Heft. Den Zugangscode dazu findest du ebenfalls auf Seite 1.

Übungen zum Ersten Prüfungsteil

Leseverstehen

Aufgabenformate zum Leseverstehen kennen lernen und üben

In der Abschlussprüfung wird im Ersten Teil von dir erwartet, dass du **Informationen aus Sachtexten entnehmen** und **miteinander in Beziehung** setzen kannst. Dazu werden dir **geschlossene Aufgaben**, wie z. B. Multiple-Choice-Aufgaben, Richtig-Falsch-Aufgaben und Zuordnungsaufgaben, gestellt. Außerdem gibt es einige **kurze offene Fragestellungen**, oft auch eine **Grafik**, die mit dem Text in Beziehung gesetzt werden soll, sowie eine **kurze Stellungnahme** zum Ende des Ersten Prüfungsteils.

Leseverstehen – Textbeispiel 1: „Unsere Ozeane versinken im Plastikmüll"

So könnte ein Text im ersten Teil der Prüfung aussehen:

Unsere Ozeane versinken im Plastikmüll   *Stephanie Probst*

Etwa 70 Prozent der Oberfläche der Erde sind von Wasser bedeckt. Doch heute schwimmen in jedem Quadratkilometer der Meere zehntausende Teile Plastikmüll, die eine allgegenwärtige Gefahr für Fische, Vögel und Meeressäuger sind. Plastikgiftstoffe können auch über Fische in die menschliche Nahrung gelangen.

(1) Drei Viertel des Meeresmülls bestehen aus Plastik. Dieses Plastik ist ein ständig wachsendes Problem, kostet jedes Jahr zehntausende Tiere das Leben und gefährdet auch uns Menschen. Denn bis zur völligen Zersetzung von Plastik können 350 bis 400 Jahre vergehen. Zunächst zerfällt es lediglich in immer kleinere und noch kleinere Partikel, so genannte Mikropartikel. Wenn wir heute barfuß einen Strand entlanglaufen, haben wir neben den Sandkörnern meist auch viele feine Plastikteilchen unter den Füßen.

Im Meer sind gerade diese kleinen Partikel ein großes Problem, da sie von den Meerestieren mit Plankton[1] verwechselt werden. „Sogar in Muscheln, die Plankton filtrieren, konnte man schon kleine Plastikteilchen nachweisen. An manchen Stellen befindet sich heute sechsmal mehr Plastik als Plankton im Meereswasser und auch das Plankton selbst reichert feinste Plastikteilchen in sich an", erklärt Stephan Lutter, WWF[2]-Experte für Meeresschutz.

Mikropartikel, kleiner als ein Millimeter, gelangen problemlos in die Körper von Meerestieren und durch deren Verzehr auch in den menschlichen Organismus. Welche Auswirkungen das haben kann, ist noch nicht endgültig erforscht. Doch eines ist sicher: Plastik enthält Giftstoffe wie Weichmacher und Flammschutzmittel, die den Meeresbewohnern schaden und durch die Nahrungskette auch den Menschen erreichen können. […]

(2) Der Müll in unseren Ozeanen besteht aus Plastiktüten, PET-Flaschen, Feuerzeugen, Zahnbürsten, Einmalrasierern, Dämm-Material und vielen anderen Dingen mehr. Die bunten Plastikteile werden viel zu oft mit Nahrung verwechselt. So findet man immer häufiger Kadaver[3] von Seevögeln mit Kunststoffteilen im Magen. Die Tiere ersticken, erleiden tödliche Verstopfungen oder verhungern bei vollen Mägen. Der Mageninhalt von toten Eissturmvögeln ist inzwischen ein anerkannter Nachweis für die Verschmutzung unserer Meere. Denn Eissturmvögel sind Hochseevögel – was sie fressen,

---

1 Plankton: tierische und pflanzliche Lebewesen im Wasser, die sich nicht selbst bewegen können
2 World Wide Fund for Nature: internationaler Verband zum Schutz wild lebender Pflanzen und Tiere
3 Kadaver: toter Körper eines Tieres

stammt aus dem Meer. Bei einer Untersuchung fanden Wissenschaftler bei 93 Prozent der Eissturmvögel Plastikteile im Magen. Im Durchschnitt 27 Partikel pro Vogel. Doch nicht nur Seevögel sind betroffen, sondern auch Meeressäuger und Fische. Die Lederschildkröte beispielsweise frisst hauptsächlich Quallen. Immer öfter verwechselt sie jedoch im Wasser treibende Plastiktüten mit ihrer Lieblingsmahlzeit. [...]

(3) Jedes Jahr landen fast sieben Millionen Tonnen Plastikmüll in unseren Meeren und bilden teilweise gigantische Müllstrudel im Wasser: In der Mitte der Ozeane gibt es große, kreisförmige Meeresströmungen, die den Müll in sich aufnehmen und stetig herumwirbeln.

Der bekannteste Müllstrudel ist der „Great Pacific Garbage Patch" im Nordpazifik, der seit Jahrzehnten wächst und wächst. Inzwischen ist er so groß wie ganz Zentraleuropa. „Das ist bei Weitem nicht der einzige Müllteppich, derartige Strudel gibt es in allen Ozeanen", betont Stephan Lutter. „Im Nordatlantik hat man zum Beispiel auch einen Müllstrudel entdeckt. Und bei uns in Nord- und Ostsee treibt ebenfalls jede Menge Müll, obwohl das eigentlich Sondergebiete sind: Da darf eigentlich gar kein Müll von Schiffen über Bord gehen!"

In jedem Quadratkilometer Meer schwimmen heute bis zu 46.000 Teile Plastikmüll. Die Menge des treibenden Mülls an der Wasseroberfläche ist so groß, dass dieser vom Weltraum aus zu erkennen ist – als riesige Müllteppiche, die mit den Meeresströmungen wandern. Dabei sind die Abfälle an der Meeresoberfläche nur die Spitze des Eisberges. Mehr als 70 Prozent des Mülls sinken auf den Grund. Zurück an Land gelangen nur 15 Prozent der Plastikabfälle. Doch allein diese bieten ein eindeutiges Bild, das besonders die Inseln im Indischen Ozean und im Pazifik prägt: Der Müll färbt die Küsten bunt.

(4) Auch deutsche Inseln leiden unter dem Müllproblem. Auf Mellum nahe Wilhelmshaven findet sich jede Menge angeschwemmter Abfall am Strand. Die Nordseeinsel ist nicht bewohnt und es gibt hier keine Touristen. Auf Mellum wird weder Müll verursacht noch entsorgt. Deshalb sind die Insel und ihr Strand heute ein eindeutiger Indikator[4] für die Verschmutzung der Nordsee – ein Indikator, der schon mal auf 100 Metern Strand über 700 Teile Müll aufweist. [...]

(5) Neben den gesundheitlichen Bedrohungen für Mensch und Tier hat der Müll im Meer auch ökonomische Folgen. Tourismusgebiete sind bedroht, Strände müssen ständig gesäubert werden, der Müll verfängt sich regelmäßig in Schiffsschrauben und Fischernetzen. Auch die Landwirtschaft leidet unter verschmutztem Weideland in Küstennähe. Bei Kraftwerken verursacht der Müll Schäden bei der Kühlwasseraufnahme, bei Entsalzungsanlagen blockiert er den Wasserkreislauf. Die Verschmutzung unserer Meere führt jedes Jahr zu enormen wirtschaftlichen Schäden.

(6) Der Müll in den Meeren ist ein globales Problem und wir müssen handeln, um es zu lösen. Doch ohne einen strengen Maßnahmenkatalog wird es nicht gehen. Deshalb ist neben Wirtschaft, Industrie und Bürgern auch die Politik gefragt – um neue Richtlinien und Anreize zu schaffen, aber auch die Einhaltung bereits bestehender Gesetze konsequenter zu verfolgen. Es bedarf regionaler und globaler Anstrengungen, um die Verschmutzung unserer Meere zu verringern. Dafür ist auch eine ständige, aktive Zusammenarbeit der zuständigen Behörden weltweit nötig.

---

4 Indikator: zeigt durch Aufzeigen eines Merkmals oder Umstandes eine bestimmte Entwicklung an

Als Erstes solltest du jetzt den Text einmal überfliegend lesen. Lies ihn dann noch einmal gründlich. Markiere dabei wichtige Textstellen und unklare Begriffe, so wie ihr es im Unterricht geübt habt. Lies dann die Aufgaben und bearbeite sie.

1 *Notiere, worüber der Text informiert. Ergänze den folgenden Satz.*

Der Text informiert über

_____

_____

Tipp

Das Thema eines informierenden Textes wird oft schon in der **Überschrift** und dem **Untertitel** oder **am Anfang** des Textes genannt. Das Textthema kann man auch an den Grund- oder Leitgedanken erkennen, die sich wiederum in den **Teilüberschriften** finden.

2 *Der Text ist in sechs Abschnitte gegliedert. Ergänze dazu die folgende Tabelle wie folgt:*

a) *Ordne die Buchstaben der Zwischenüberschriften dem jeweiligen Textabschnitt zu.*

a) Die Kosten
b) Gigantische Strudel im Pazifik
c) Tod durch Plastik
d) Plastik vergeht nicht
e) Insel Mellum als Indikator
f) Wir müssen handeln

> **Tipp**
>
> Arbeite bei Aufgaben wie diesen **sorgfältig**, da es die Punkte oft nur für **vollständig richtig gelöste Aufgaben** gibt.

b) *Notiere in der letzten Spalte zu jedem Absatz die wichtigsten Informationen in Stichpunkten.*

Abschnitt	Zeilen	Buchstabe	Inhalt
1	8−39		
2	40−61		
3	62−92		
4	93−102		
5	103−115		
6	116−128		

3 *Kreuze die richtige Antwort an.*

Die vollständige Zersetzung von Plastik dauert
300 bis 400 Jahre (Absatz 1),

a) ☐ weil das Material so gut auf dem Wasser schwimmt.

b) ☐ denn ein Plastikbecher ist sehr stabil.

c) ☐ weil das Material in immer kleinere Mikropartikel zerfällt.

d) ☐ weil es sehr hitzebeständig ist.

Tipp

In einigen Aufgaben findest du Zeilenangaben oder Absatznummern, die dir hilfreiche Hinweise darauf geben, in welchen Textabschnitten du die gefragten Informationen findest.

4 *Kreuze die richtige Antwort an.*

Mikropartikel gelangen problemlos in den Körper des Menschen (Z. 30−33),

a) ☐ weil sie an den Füßen kleben.

b) ☐ wenn er im Meeressand spielt.

c) ☐ weil sie in der Luft schweben.

d) ☐ wenn er Meerestiere verzehrt.

5 *Kreuze die richtige Antwort an.*

Die Formulierung „Die Tiere […] verhungern bei vollen Mägen" (Z. 47−49) soll verdeutlichen, dass

a) ☐ die Tiere zu wenig Nahrung finden.

b) ☐ die Tiere Magengeschwüre entwickelt haben.

c) ☐ Plastikteile ohne Nährstoffe ihre Mägen füllen.

d) ☐ sie zu viele Fische gefressen haben.

6 *In den Weltmeeren schwimmen zehntausende Plastikteile pro Quadratkilometer.*
Notiere jeweils eine Folge dieses Mülls für die Ernährung und die Mobilität der Tiere. (Abschnitt 2)

	Folgen
a) Ernährung	
b) Mobilität	

7 *Notiere, aus welchem Grund die Wissenschaftler den Eissturmvogel als Nachweis für die Verschmutzung der Meere nutzen. (Abschnitt 2)*

_____

_____

_____

Tipp

Richtig-Falsch-Aufgaben erfordern, dass man den **Gehalt jeder einzelnen Aussage überprüfen** muss.
Die Aussagen wurden meistens nicht wortwörtlich aus dem Text übernommen.

8 Kreuze an, welche der folgenden Aussagen zum Text richtig oder falsch sind. (Abschnitt 3)

	richtig	falsch
a) Plastikmüll kann von den Meeresströmungen zu riesengroßen Strudeln geformt werden.	☐	☐
b) Der größte Müllstrudel umfasst derzeit die Größe von Zentraleuropa.	☐	☐
c) Müllstrudel gibt es ausschließlich im Norden des Pazifiks und des Atlantiks.	☐	☐
d) Die Ausbreitung der Müllteppiche kann vom Weltraum aus beobachtet werden.	☐	☐
e) Der meiste Meeresmüll schwimmt unter der Meeresoberfläche.	☐	☐

9 Erläutere die Formulierung „Der Müll färbt die Küsten bunt." (Z. 92) im Textzusammenhang.

_____

_____

_____

_____

10 Erläutere, warum die deutsche Insel Mellum als Indikator der Nordseeverschmutzung gilt. (Abschnitt 4)

_____

_____

_____

_____

11 Notiere jeweils ein Beispiel für die wirtschaftlichen Schäden der Meeresverschmutzung für die Schifffahrt, den Tourismus und die Landwirtschaft.

	Folgen
a) Schifffahrt	
b) Tourismus	
c) Landwirtschaft	

12 *Kreuze an, an wen im folgenden Satz die Aufforderung gerichtet ist.*

„Der Müll in den Meeren ist ein globales Problem und wir müssen handeln, um es zu lösen." (Z. 116 – 118)

a) ☐ die Menschen in Deutschland

c) ☐ die Behörden auf der ganzen Welt

b) ☐ die Politiker in den einzelnen Ländern

d) ☐ alle Menschen

13 *Hier siehst du das Deckblatt einer Broschüre des Landes Niedersachsen zu einer Initiative, die gemeinsam mit Fischern durchgeführt wird. Stelle einen Zusammenhang zwischen Bild und Abschnitt 6 des Textes her.*

FISHING FOR LITTER
NIEDERSACHSEN
Fischer sammeln Müll aus dem Meer

litter (engl.): Abfall, Müll

_____

_____

_____

_____

_____

_____

_____

Tipp

Eine Stellungnahme beginnt mit einer Formulierung wie „Ich stimme der Aussage (nicht) zu ...". Dann solltest du eine Begründung ergänzen, die mindestens zwei (oder mehr) Aussagen aus dem Text aufgreift.

14 *Eine Schülerin sagt nach dem Lesen des Textes:*

„Mir erscheint die Darstellung doch sehr einseitig. Wenn ich im Mittelmeer oder in der Nord- und Ostsee geschwommen bin, war der Strand immer sehr sauber und das Wasser klar."

Du kannst dieser Aussage zustimmen oder nicht. Wichtig ist, dass du deine Meinung begründest und dich auf mehrere Textaussagen beziehst.

_____

_____

_____

_____

_____

_____

_____

Leseverstehen – Textbeispiel 2: „Verloren in der Antarktis"

Übe nun an einem weiteren Sachtext verschiedene Aufgabenformate für den Prüfungsteil zum Leseverstehen. Lies wieder zunächst den Text, so wie du es gelernt hast.

Verloren in der Antarktis *Kerstin Viering*

Vor 100 Jahren erlebten Ernest Shackleton und seine Begleiter auf dem Schiff „Endurance" eine der dramatischsten Reisen der Polarforschung.

(1) Ein unheimliches Krachen zerriss die eisige Stille, das Splittern hölzerner Planken. Da muss Ernest Shackleton klar geworden sein, dass es für die „Endurance" kein Entrinnen mehr gab. Schon seit Monaten war das Expeditionsschiff in den unberechenbaren Gewässern der Antarktis festgefroren. Nun, am 14. Oktober 1915 gab der Rumpf dem gewaltigen Druck des Packeises nach. Shackleton ließ die Schlittenhunde, Rettungsboote und Vorräte aufs Eis schaffen. Am 27. Oktober musste das Schiff evakuiert werden, am 21. November versank es wie ein Stein in den eisigen Fluten. Es war das Ende eines Traums: Statt Ruhm und Ehre schien die Entdeckungsreisenden der Tod zu erwarten.

(2) Dabei wollte Ernest Shackleton doch eigentlich ein neues Kapitel in der Geschichte der Polarforschung schreiben. Denn den Südpol hatten schon andere erreicht, den Nordpol angeblich auch. Shackleton wollte als Erster die Antarktis durchqueren. Ein Teil der Expeditionsteilnehmer sollte mit der „Endurance" unter Shackletons Kommando ins Weddellmeer fahren und von dort an der Küste landen. Von da aus wollten die Männer mit Hunden und Motorschlitten quer durch den Kontinent bis zum Rossmeer gelangen – inklusive Südpolbesuch. Klar war, dass sie nicht genügend Proviant für den ganzen Weg mitschleppen konnten. Also sollte eine zweite Gruppe mit dem Schiff „Aurora" ins Rossmeer fahren, ihren Kollegen von der dortigen Küste aus entgegengehen und unterwegs Versorgungsdepots anlegen. An Bewerbern für die Expedition fehlte es nicht: Mehr als 5000 Abenteuerlustige meldeten sich, 56 davon bekamen schließlich eine Zusage.

(3) Am 8. August 1914 legte die „Endurance" im englischen Hafen Plymouth ab, am 5. Dezember verließ sie nach einem langen Zwischenstopp die Walfänger-Station Grytviken auf der Insel South Georgia. Dann aber machte das unberechenbare Packeis der Expedition einen lebensgefährlichen Strich durch die Rechnung.

Immer enger wurden die Kanäle zwischen den Schollen, immer schwieriger wurde es, das Schiff durch dieses Labyrinth zu manövrieren. Und am 18. Januar 1915 fror die „Endurance" fest. Alle Versuche, mit Meißeln, Hacken und Sägen doch noch einen Weg durch die weißen Massen zu brechen, schlugen fehl. Die Männer saßen im antarktischen Weddellmeer fest und der endlose Polarwinter stand bevor. Erst Monate später würde das Schiff wieder freikommen – wenn überhaupt.

(4) Wie sollte man nicht den Verstand verlieren, wenn man am eisigen Ende der Welt festsaß? Shackleton setzte der Langeweile Theateraufführungen und Fußballspiele auf dem Eis entgegen, Schlittenhunderennen und Geburtstagsfeiern. Monatelang ging alles einigermaßen gut. Bis die Kräfte des Eises zu stark wurden und das Schiff zerbrachen. Danach zelteten die Polarforscher auf dem Eis. Gejagte Robben und Pinguine kamen auf die Teller, das Fett der Tiere lieferte Brennstoff für die Öfen. Und wieder kämpften die Männer mit Spielen und Musik gegen die Eintönigkeit der Tage. Derweil ging der kurze antarktische Sommer vorüber und sie drifteten weiter nach Norden. Die Eisscholle, auf der sie hockten, war mit den steigenden Temperaturen geschrumpft und drohte zu zerbrechen.

(5) Die Männer mussten ein neues Wagnis eingehen. Am 9. April 1916 kletterten sie in ihre drei Rettungsboote und nahmen den Kampf gegen die eisigen Fluten und Stürme des Südpolarmeeres auf. Die Temperaturen sanken teils bis auf minus 30 Grad Celsius, eisige Wassermassen schwappten über Bord und durchnässten die Besatzung bis auf die Haut. Und dann waren da noch die auch als „Killerwale" bekannten Orcas: „Schiffbrüchige Seeleute, die im Arktischen Ozean treiben, sind aus Sicht der Killer wahrscheinlich etwas, von dem sie nicht zu träumen gewagt haben", schrieb Shackleton. „Bei genauerer Untersuchung könnten sie diese als schmackhaften Ersatz für Robben und Pinguine betrachten." Sechs Tage später war der Höllentrip zu Ende: Die Männer erreichten die unbewohnte, abgelegene Insel Elephant Island. Pinguine,

Robben, Felsen und Eis waren aber das Einzige, was die Insel zu bieten hatte. Zurück in die Zivilisation konnten sie nur, wenn sie South Georgia mit seinen Walfängern erreichten. Das bedeutete weitere 1300 Kilometer eisiges Meer mit turmhohen Wellen. Wenn sie nicht auf Elephant Island sterben wollten, mussten sie es versuchen.

(6) Am 24. April 1916 bestieg Shackleton mit fünf Begleitern eines der Boote und nahm Kurs auf South Georgia, um Hilfe zu holen. Mehr als zwei Wochen lang kämpfte sich die nicht einmal sieben Meter lange „James Caird" durch Kälte und Stürme. „Die ständige Bewegung des Bootes machte das Ruhen unmöglich; wir wa-

ren durchgefroren, uns tat alles weh, und wir hatten Angst", berichtete Shackleton in seinem drei Jahre später erschienenen Buch „South". Doch am 10. Mai 1916 kam das Boot tatsächlich auf South Georgia an. Nur leider auf der falschen Seite. Zwischen dem Landeplatz und der Walfangstation lagen Gletscher und tausend Meter hohe Berge. Doch Aufgeben kam nicht infrage. Drei der Männer blieben am Strand zurück, während Shackleton und die beiden übrigen in einem 36-stündigen Marsch das Inselinnere durchquerten.

(7) Draußen sind drei komisch aussehende Männer, die sagen, dass sie über die Insel gekommen sind und Sie kennen", meldete der Vorarbeiter dem Leiter der Walfangstation, Thoralf Sørlle. Der glaubte seinen Augen kaum, als er dem längst tot geglaubten Polarforscher gegenüberstand. „Kommt rein, kommt rein", drängte der Norweger. Doch Shackleton zögerte: „Ich fürchte, wir riechen." Für den Rest der Mannschaft, der immer noch an zwei unwirtlichen Orten festsaß, sollte das Warten bald ein Ende haben. Zunächst wurde ein Walfänger-Schiff zur anderen Seite der Insel geschickt, um die dort Zurückgelassenen abzuholen. Und am 30. August 1916 gelang schließlich auch die Evakuierung der 22 Männer von Elephant Island.

Alle Polarforscher hatten also überlebt. […]

Löse nun die Aufgaben zum Text.

1 *Ergänze die fehlenden Angaben zu Shackletons Antarktisexpedition (Abschnitt 2 und 3).*

a) Beginn: _____

b) Name des Schiffes: _____

c) Name des Begleitschiffes: _____

d) Größe der Expeditionsmannschaft: _____

2 *Kreuze die richtige Antwort an.*
Shackleton wollte „ein neues Kapitel in der Geschichte der Polarforschung schreiben" (Z. 20 – 21), indem er

a) ☐ als Erster den Südpol erreichte.

b) ☐ als Erster die Arktis umrundete.

c) ☐ als Erster die Antarktis durchquerte.

d) ☐ als Erster den Nordpol erreichte.

3 *Nummeriere die Reihenfolge der Ereignisse auf Shackletons Expedition (1, 2, 3 ... 7).*

Ereignis auf Shackletons Expedition	Nummer
a) Aufbruch in England zur Expedition	
b) Einfrieren des Expeditionsschiffes im Weddellmeer	
c) Rettung der übrigen Mannschaft auf Elephant Island	
d) Zwischenstopp auf der Insel South Georgia	
e) Weiterfahrt in Rettungsbooten nach Elephant Island	
f) Fußmarsch auf South Georgia zur Walfangstation	
g) Überfahrt nach South Georgia	

4 *Während sich die Expeditionsteilnehmer auf einer Eisscholle befanden, nutzten sie Robben und Pinguine als natürliche Ressourcen zum Überleben. (Abschnitt 4)*

Notiere, was sie von den Tieren nutzten und den jeweiligen Verwendungszweck.

Ressource	Verwendungszweck
Fleisch	
Fett	

5 *Kreuze an, welche der folgenden Aussagen zum Text richtig oder falsch sind.*

	richtig	falsch
a) Für die Rückkehr in die Zivilisation musste Shackleton zu den Walfängern gelangen.	☐	☐
b) Die zwei Wochen andauernde Überfahrt nach South Georgia war nur durch das Einhalten von Ruhezeiten möglich.	☐	☐
c) Shackleton war es peinlich, den Walfängern durchgeschwitzt und ungewaschen gegenüberzutreten.	☐	☐
d) Zur Rettung seiner Expeditionsteilnehmer musste Shackleton ein Schiff in England anheuern.	☐	☐
e) Shackleton hielt die Erinnerungen an die Expedition in einem Buch fest.	☐	☐

6 *Ein Schüler formuliert nach der Lektüre des Textes:*

„Shackleton ist für mich ein Held. Nur dank seiner Führungs-
qualitäten hat die gesamte Besatzung der Expedition überlebt."

*Du kannst dieser Aussage zustimmen oder nicht. Wichtig ist,
dass du deine Meinung begründest und dich dabei auf mehrere
Aussagen aus dem Text beziehst.*

Übungen zur Auswertung von Schaubildern und Grafiken

Neben Texten zu Sachverhalten und Themen sollst du in der Abschlussprüfung unter Umständen **Grafiken**, **Diagramme** und **Schaubilder**, sogenannte **nichtlineare** Texte, **auswerten**. Rund um Sachtexte werden oft Grafiken verschiedenster Art genutzt, um Informationen übersichtlich darzustellen.

Info

Diagrammarten

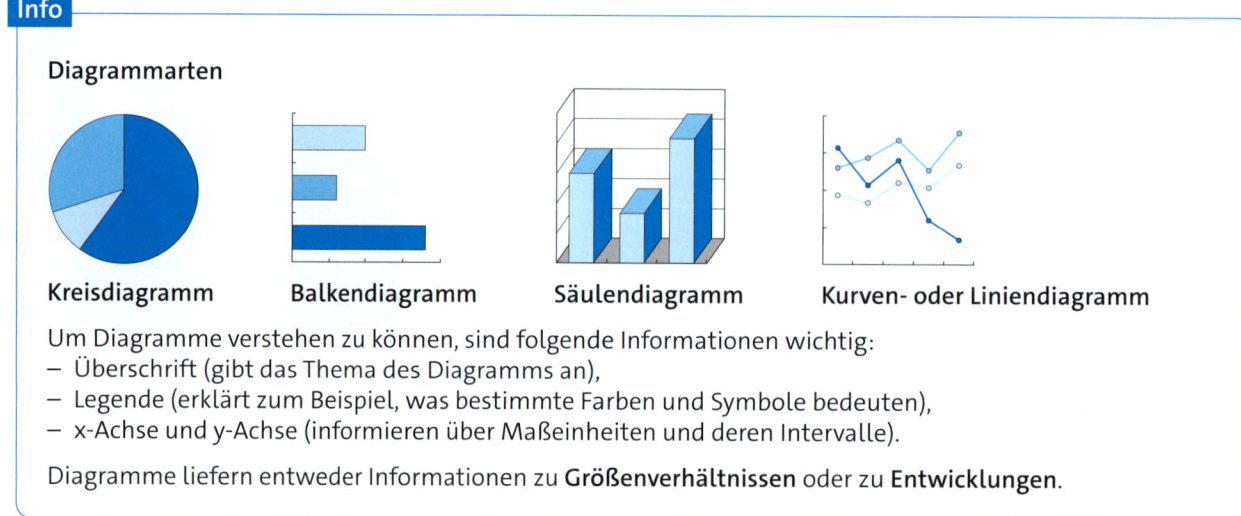

| Kreisdiagramm | Balkendiagramm | Säulendiagramm | Kurven- oder Liniendiagramm |

Um Diagramme verstehen zu können, sind folgende Informationen wichtig:
– Überschrift (gibt das Thema des Diagramms an),
– Legende (erklärt zum Beispiel, was bestimmte Farben und Symbole bedeuten),
– x-Achse und y-Achse (informieren über Maßeinheiten und deren Intervalle).

Diagramme liefern entweder Informationen zu **Größenverhältnissen** oder zu **Entwicklungen**.

---

1 *Sieh dir die im Infokasten abgebildeten Diagrammtypen noch einmal an. Schreibe dann in die rechte Tabellenspalte, ob der jeweilige Diagrammtyp Größenverhältnisse oder Entwicklungen darstellt.*

Diagrammtyp	stellt dar ...
Kreisdiagramm	
Balkendiagramm	
Säulendiagramm	
Kurven- oder Liniendiagramm	

2 *Notiere, mit welchem Diagrammtyp du die folgenden Informationen darstellen könntest.*

Der gesunde Waldbestand liegt noch bei etwa 25 %.

Die durchschnittliche Lebenserwartung ist in den letzten Jahren weiter gestiegen.

Beim diesjährigen Filmwettbewerb erhielt Film A 30 % Zustimmung, Film B 45 % und Film C 25 %.

3 Betrachte das folgende Diagramm und notiere das Thema der Grafik.

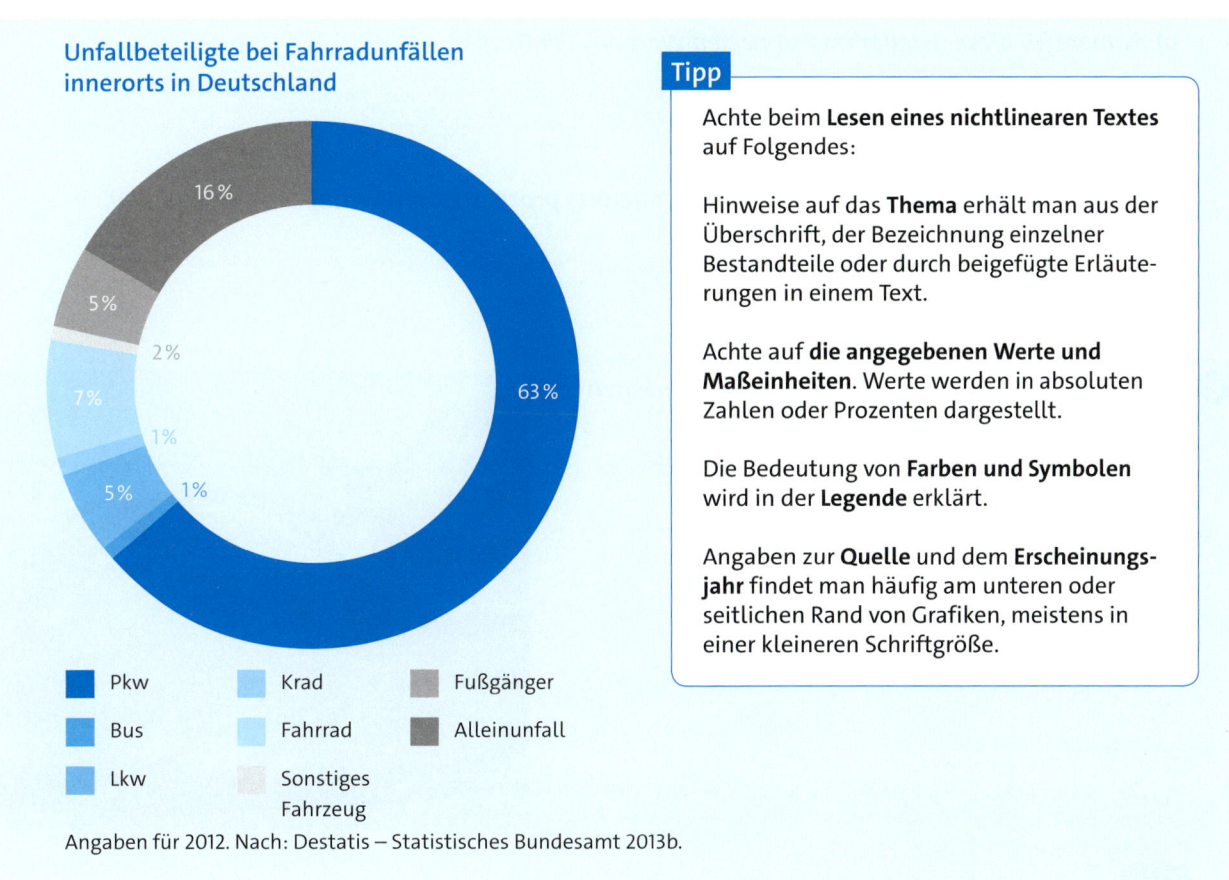

Unfallbeteiligte bei Fahrradunfällen innerorts in Deutschland

16 %
5 %
2 %
7 %
1 %
5 %
1 %
63 %

■ Pkw   ■ Krad   ■ Fußgänger

■ Bus   ■ Fahrrad   ■ Alleinunfall

■ Lkw   ■ Sonstiges
                Fahrzeug

Angaben für 2012. Nach: Destatis – Statistisches Bundesamt 2013b.

Tipp

Achte beim **Lesen eines nichtlinearen Textes** auf Folgendes:

Hinweise auf das **Thema** erhält man aus der Überschrift, der Bezeichnung einzelner Bestandteile oder durch beigefügte Erläuterungen in einem Text.

Achte auf **die angegebenen Werte und Maßeinheiten**. Werte werden in absoluten Zahlen oder Prozenten dargestellt.

Die Bedeutung von **Farben und Symbolen** wird in der **Legende** erklärt.

Angaben zur **Quelle** und dem **Erscheinungsjahr** findet man häufig am unteren oder seitlichen Rand von Grafiken, meistens in einer kleineren Schriftgröße.

4 Um welche Art von Diagramm handelt es sich? Kreuze die korrekte Bezeichnung an.

☐ Liniendiagramm   ☐ Balkendiagramm

☐ Säulendiagramm   ☐ Kreisdiagramm

5 Kreuze an, in welcher Form die Zahlen im Diagramm angegeben werden.

☐ in absoluten Zahlen   ☐ in Prozent

6 Notiere

a) die Quelle der Grafik.

b) das Jahr, in dem die Grafik erstellt wurde.

a)

b)

7 **a)** *Notiere, wer überwiegend an Unfällen mit Radfahrern in Ortschaften beteiligt ist.*

b) *Notiere für diese Beteiligtengruppe den Wert aus der Grafik.*

c) *Notiere, wer an Unfällen mit Radfahrern innerorts prozentual am wenigsten beteiligt war.*

8 *Die Grafik weist für Beteiligte an Radunfällen einen Wert von 16 % Alleinunfall aus.*
Erkläre, was unter Alleinunfall zu verstehen ist.

Info

Nichtlineare Texte lesen und auswerten
Um nichtlineare Texte in ihren unterschiedlichen Erscheinungsformen zu verstehen und auszuwerten, muss man folgende Fragen beantworten:
– Woher stammen die Informationen (Herkunft und Quellenangabe)?
– Wie aktuell sind die Informationen (Zeitpunkt der Datenerhebung)?
– Welche Maßeinheiten und Intervalle sind bei Diagrammen auf der x-Achse und y-Achse dargestellt?
– Was soll mit den Angaben verdeutlicht werden?
– Welche Gesamtaussage lässt sich ableiten?

9 *Notiere,*

a) *welche Diagrammart in der folgenden Grafik verwendet wird.*

b) *was in der Grafik dargestellt und verglichen wird.*

a)

b)

Sicherheit im Straßenverkehr

„Fühlen Sie sich im Straßenverkehr sicher, wenn Sie Rad fahren?"

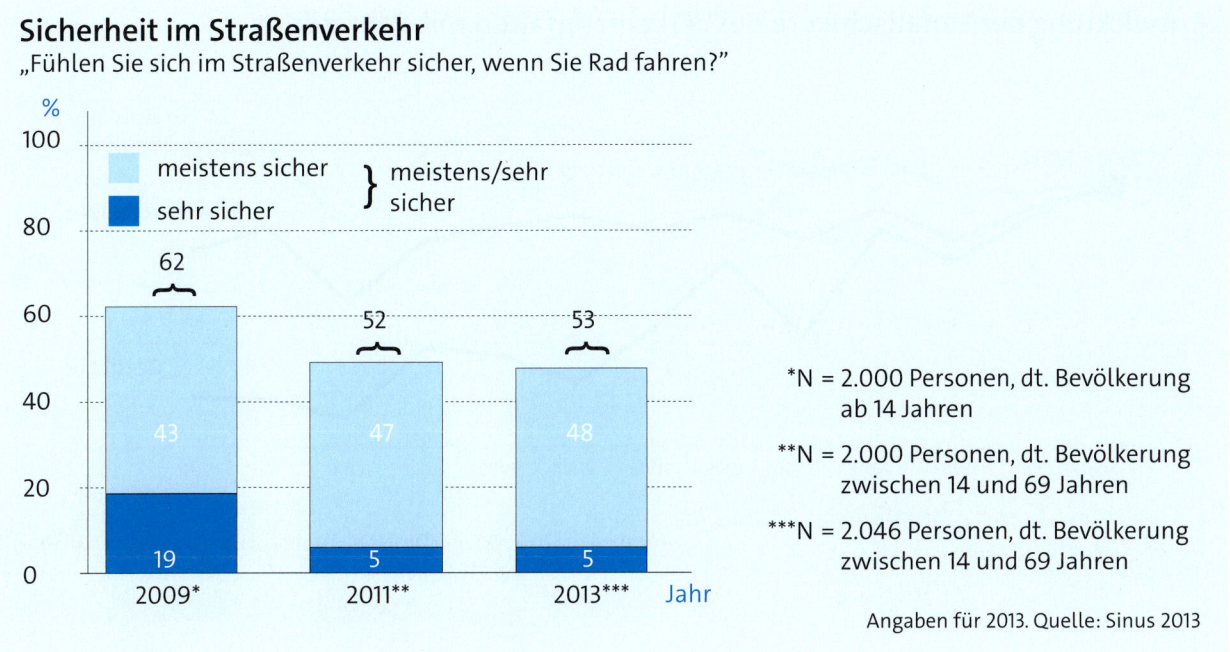

*N = 2.000 Personen, dt. Bevölkerung ab 14 Jahren

**N = 2.000 Personen, dt. Bevölkerung zwischen 14 und 69 Jahren

***N = 2.046 Personen, dt. Bevölkerung zwischen 14 und 69 Jahren

Angaben für 2013. Quelle: Sinus 2013

10 *Kreuze an, ob die folgenden Aussagen zur Grafik „Sicherheit im Straßenverkehr" richtig oder falsch sind.*

	richtig	falsch
Fast alle Radfahrer fühlen sich im Straßenverkehr relativ sicher.	☐	☐
Ein sehr gutes Sicherheitsgefühl im Straßenverkehr hat in der Tendenz stark abgenommen.	☐	☐
Im Jahr 2009 waren noch 62 Prozent aller Beteiligten am Straßenverkehr Radfahrer.	☐	☐
Laut der letzten Erhebung fühlte sich ungefähr die Hälfte aller Radfahrer im Straßenverkehr sicher.	☐	☐
Radfahrer im Alter bis zu 14 Jahren wurden nicht befragt.	☐	☐

11 *Betrachte das Diagramm auf Seite 20 oben. Bearbeite dann folgende Aufgaben.*

a) *Notiere das Thema der Grafik.*

b) *Für welchen Zeitraum gibt die Grafik Auskunft?*

c) *Welche Diagrammart wird verwendet?*

a) _____

b) _____

c) _____

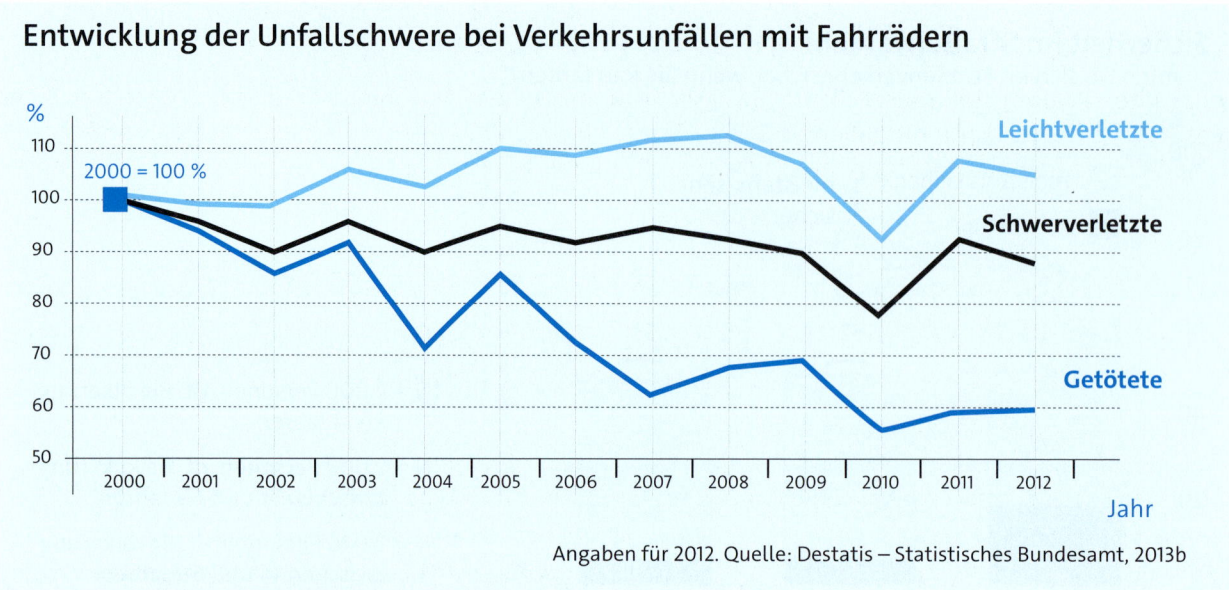

Entwicklung der Unfallschwere bei Verkehrsunfällen mit Fahrrädern

Angaben für 2012. Quelle: Destatis – Statistisches Bundesamt, 2013b

12   *Notiere die in der Grafik angegebenen Maßeinheiten für die x-Achse und die y-Achse.*

Achse	Maßeinheit
x-Achse	
y-Achse	

13   *Wie wird in der Grafik die Unfallschwere unterschieden?*

14   *Beantworte die folgenden Fragen zur Grafik und notiere die Antworten in die rechte Spalte der Tabelle.*

Fragen	Antworten
Welche ausgewiesene Unfallschwere überwiegt bei den Radunfällen?	
In welchem Jahr war die Schwere der Radunfälle für alle Verletzungsarten am geringsten?	
Welche Tendenz lässt sich seit 2000 für bei Unfällen umgekommene Radfahrer feststellen?	

Übungen zum Zweiten Prüfungsteil

Im Zweiten Prüfungsteil musst du aus zwei Wahlthemen eines auswählen und dieses bearbeiten. Eines dieser Wahlthemen kann Aufgabentyp 2 sein: Einen informierenden Text verfassen. Es folgt eine Beispielaufgabe zu diesem Aufgabentyp mit zahlreichen Tipps zur Bearbeitung.

Einen informierenden Text verfassen (Aufgabentyp 2)

Bei diesem Aufgabentyp sollst du auf der Grundlage verschiedener Materialien einen informierenden Text (z. B. Bericht für die Schülerzeitung, Flyer, Informationsbroschüre) schreiben.

Dabei sind vor allem drei Dinge wichtig:

1. Du solltest die Aufgabestellung und das Material (Texte, Interviews, Grafiken, Bilder) sehr sorgfältig lesen und genau überlegen, welche der angebotenen Informationen für das Lösen der Aufgabenstellung wichtig sind.

2. Diese Informationen müssen dann im Sinne der Aufgabenstellung gegliedert und mit eigenen Worten wiedergegeben werden.

3. Dein Text muss in Stil und Aufbau an die Adressaten und die Textsorte angepasst sein. Eine in mehrere Teilaufgaben gegliederte Aufgabenstellung hilft dir dabei, die Informationen und den Text zu strukturieren.

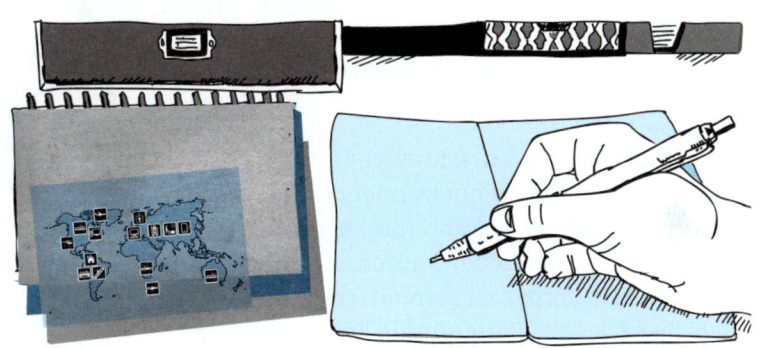

Den Aufgabentyp 2 kennen lernen

Folgendermaßen könnte eine Aufgabe gestellt sein:

An eurer Schule fand eine Projektwoche zu Sport und Gesundheit statt. Du hast in einer AG mitgearbeitet, die sich mit dem Thema „Bodystyling – Jugendliche im Fitnessstudio und ihr Umgang mit Nahrungsergänzungsmitteln" beschäftigt. Dabei habt ihr festgestellt, dass Nahrungsergänzungsmittel oftmals gesundheitsgefährdend sind. Die Ergebnisse eurer Arbeit sollen in einem Artikel für die Schulhomepage veröffentlicht werden. Die Redaktion hat dich gebeten, den Text zu schreiben. Damit du deinen Text schreiben kannst, bekommst du eine Materialsammlung (M 1 – M 5). Lies dir zunächst die Aufgabenstellung und dann die Materialien aufmerksam durch, bevor du mit dem Schreiben beginnst.

a) *Formuliere für den Text eine geeignete Überschrift.*

b) *Schreibe eine Einleitung, die deutlich macht, dass das Thema für viele Jugendliche und ihre Eltern von Bedeutung ist.*

c) *Stelle dar, wie viele Jugendliche Sport treiben und dazu ein Fitnessstudio besuchen.*

d) *Benenne die Erwartungen, die Jugendliche mit dem Besuch eines Fitnessstudios verknüpfen, und stelle die positiven Wirkungen und die Gefahren dieses Trainings dar.*

e) *Erkläre, weshalb junge Menschen zu Nahrungsergänzungsmitteln greifen.*

f) *Erläutere, welche Folgen diese Mittel für die Entwicklung von Jugendlichen haben können.*

g) *Schlussfolgere anhand der Materialien und eigener Überlegungen, was beim Konsum von Nahrungsergänzungsmitteln zu beachten ist oder ob man ganz darauf verzichten soll. Begründe kurz, warum.*

M 1 Alles andere als Kräutertee ...
Sport- und Schlankheitsmittel aus dem Internet *Heiko Wichelhaus*

Immer mehr Leute vertrauen nicht mehr nur guter Ernährung und ihrem Trainingsplan, sondern nutzen zusätzlich Tabletten oder Pulver. Aber da ist oft viel mehr drin, als man ahnt. Und zwar nichts Gutes.

Das eigene Aussehen ist keinem egal. Besonders die Jungs arbeiten oft hart im Fitness-Center, aber dem einen oder anderen geht das vielleicht nicht schnell genug mit dem Muskelaufbau. Andere – hier oftmals eher die Mädels – wollen einfach abnehmen und denken, mit ein paar Tabletten geht's einfacher und schneller. Also schaut der eine wie die andere mal ins Internet und sucht nach „kleinen Helfern", die den gewünschten Effekt beschleunigen sollen.

Dort wird man schneller fündig, als man das Wort „Onlineschnellversand" aussprechen kann. Tonnenweise kann man bei zahllosen Internetshops Mittelchen kaufen, die dabei helfen sollen, den Körper zu formen. Die Inhaltsstoffe solcher Kapseln, Kaugummis, Teebeutel und Tabletten unterliegen aber keinerlei Kontrolle – besonders, wenn die Produkte aus dem Ausland kommen. 2011 waren in einer Studie der Verbraucherzentrale NRW **20 Prozent der über Onlineshops bestellten Sportlerprodukte und über 60 Prozent der Schlankheitsmittel gepanscht**. Gefunden haben wir dabei verbotene Dopingsubstanzen wie Methylhexanamin und gefährliche Arzneimittel. Darunter: Krebserregende Abführmittel oder auch ein Appetithemmer, der 2010 europaweit wegen massiver Nebenwirkungen mit Todesfällen vom Markt genommen wurde.

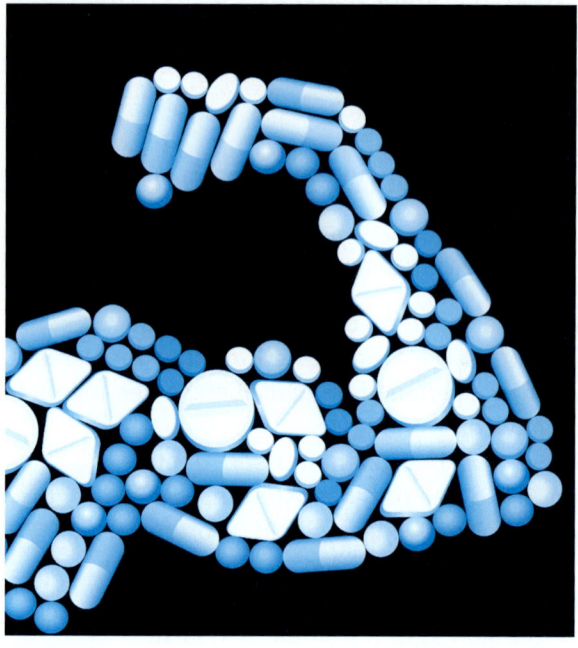

Wenig Nutzen, viel Risiko

Dass so was da drin ist, steht natürlich in aller Regel nicht auf der Packung. Im Gegenteil: So manche Hersteller werben mit einem „natürlichen" Image und lassen ihre Produkte teilweise sogar wie reinsten Kräutertee daherkommen. Die Folgen der Einnahme solcher scheinbar harmlosen Produkte könnten für deine Gesundheit aber fatal sein: Steroid-Akne, Leber- und Nierenschädigungen, verringertes Körperwachstum, Herz-Kreislauf-Kollaps ... Und die Härte bei alldem ist: Für keinen Wirkstoff in diesen Nahrungsergänzungsmitteln ist die Wirkung, die man eigentlich haben will, wirklich bewiesen. Es könnte also durchaus sein, dass man letztlich NUR die negativen Folgen beobachten kann.

Noch heftiger sind übrigens die möglichen Folgen von „Anabolika" – das kann echt keinem egal sein, wie eitel man auch sein mag. Was darf's denn sein – psychische Veränderungen (z.B. Depressionen), Unfruchtbarkeit oder doch lieber Schrumpfung der Hoden, Brustwachstum beim Mann oder Vermännlichung bei Frauen? Mehr dazu findet man u.a. bei highfive.de. [...]

(http://www.checked4you.de/nem)

M 2 Power durch Pillen? Kein Sportersatz für Jugendliche!

[...] Ohne die zusätzliche Einnahme von Pillen und Pulvern ist Sport für viele Jugendliche mittlerweile undenkbar. Sie erhoffen sich mit diesen Mittelchen eine Verbesserung der Trainingsleistung, schnellere Regeneration oder Unterstützung beim Muskelaufbau. Das Perfide am Input der Power-Pillen: Viele Jugendliche und junge Erwachsene verlassen sich nicht auf ihre individuelle Leistungsfähigkeit und ihr persönliches Körperbewusstsein, sondern sie ziehen sich zusätzliche Pillen und Pulver rein, um in punkto Aussehen und Muskelkraft mit anderen mithalten zu können. Ein regelmäßiger Konsum verschafft jugendlichen Freizeitsportlern die Illusion, besonders fit zu sein, auch wenn sie kaum Sport treiben, und senkt die Hemmschwelle, auch irgendwann zu Dopingmitteln zu greifen. [...]

(http://www.verbraucherzentrale.nrw/Power-durch-Pillen-Kein-Sportersatz-fuer-Jugendliche-2)

M 3 Jugendliche im Fitnessstudio: Ich pumpe, also bin ich *Maria Timtschenko*

Simon, Samim und Tamim schwitzen fast täglich im Fitnessstudio. Sie wollen „den Körper ausdefinieren", sagen sie, haben einen strengen Ernährungsplan. 900.000 Jugendliche gehen zum Krafttraining. Ist das noch Hobbysport – oder ungesunder Körperwahn?

„Es ist viel Aufwand", sagt Simon, 15. Der Gymnasiast aus Hamburg geht seit einem halben Jahr ins Fitnessstudio, um Muskeln aufzubauen und Fett abzubauen. Sechsmal pro Woche trainiert er gemeinsam mit seinem Freund Luc nach dem Unterricht. Noch vor Kurzem hat Simon morgens gar nichts gegessen, heute steht er zeitiger auf, um sich Eier zu kochen. Genau 150 Gramm Eiweiß soll er laut Ernährungsplan zu sich nehmen. Außerdem schmiert er sich Brote, denn das Mittagessen in der Schule passt nicht in den Ernährungsplan. „Es ist aber auch ein Gefühl von Genugtuung, wenn man sieht, wie andere in unserem Alter schon die Form verlieren, während wir uns gerade ausdefinieren", sagt Simon.

Simon gehört zu einer steigenden Zahl von Jugendlichen, die in Fitnesscentern versuchen, ihren Körper einer ästhetischen Norm anzupassen. Etwa 900.000 unter 20-Jährige gehen regelmäßig in deutsche Kraftstudios. Sie wollen schön sein, muskulös und fit. [...]

Dass immer mehr Jugendliche aller Bildungsniveaus in die Studios strömen, beobachtet auch Mischa Kläber, Ressortleiter „Präventionspolitik und Gesundheitsmanagement" beim Deutschen Olympischen Sportbund.

In der Muckibude entwickele sich jedoch unter den Jugendlichen schnell eine „Zweck-Mittel-Mentalität", meint Kläber. Um weniger zu essen, greife man zu Diätdrinks oder Pillen. Möchte man auch für den nächsten Tag wieder fit sein im Training, helfe Kreatin weiter. „Ich verteufele nicht die Nahrungsergänzungsmittel schlechthin. Ein Eiweißshake macht mehr Sinn als vier Liter Milch am Tag zu trinken, wie es noch in alten Bodybuilding-Handbüchern steht", sagt Kläber. Gefährlich sei es dann, wenn die frei zugänglichen Mittel nicht mehr wirkten und man zu stärkeren Mitteln greife.

Fitness für gutes Aussehen ist für die Jugendlichen auch Identitätsarbeit. „Sie versuchen, ihre Rolle als Sportler auszufüllen, verbringen viel Zeit im Studio und mit der Zubereitung von Essen, ihre Sozialkontakte beschränken sich zunehmend auf Personen mit ähnlichen Interessen. Je intensiver sich ein Athlet über seine Körperoptik definiert, desto schwieriger wird es, den Pfad wieder zu verlassen", sagt Kläber. Jugendliche, die muskulös aussehen wollen, haben meist keine Ahnung, wie sie das schaffen sollen. „Sie holen sich ihr Wissen von Freunden, aus dem Internet oder von Leuten in ihrer Muckibude. Wir wissen aber nicht, was die ihnen empfehlen – dort liegt die Schwachstelle", meint Michael Sauer. [...]

(http://www.spiegel.de/schulspiegel/leben/jugendliche-im-fitnessstudio-hobby-sport-oder-koerperwahn-a-919483.html)

M 4 Ergebnisse einer Umfrage zum Sportverhalten in der Jahrgangsstufe 10 eurer Schule

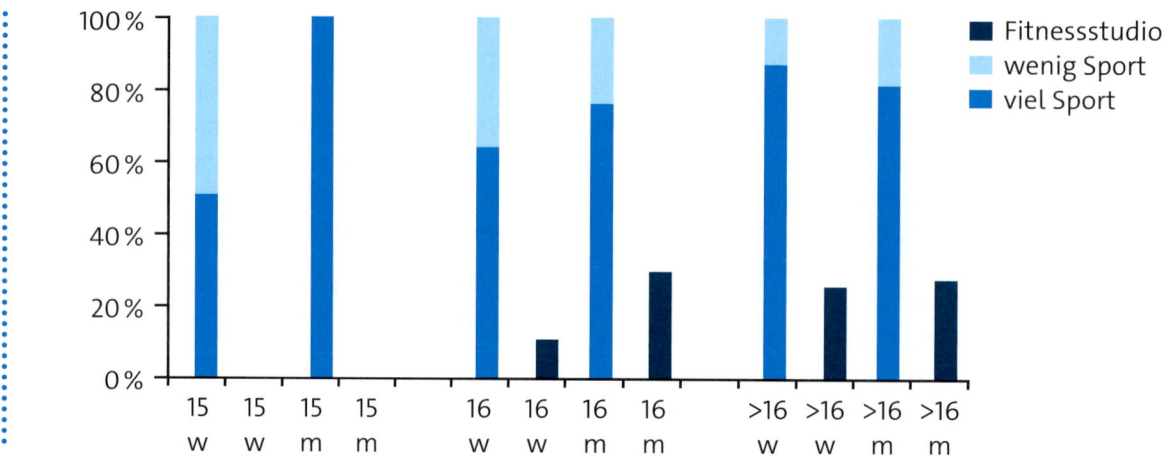

M 5 Training als Jugendlicher:
Ab welchem Alter ins Bodybuilding einsteigen?   *Christine Deutsch*

Immer wieder fragen sich besorgte Eltern, ob ein komplexes Krafttraining im Kindes- oder Jugendalter sinnvoll ist und ob es mögliche Gefahren birgt. Ein Krafttraining an Fitnessgeräten sorgt nicht nur für Veränderungen an dem aktiven Bewegungsapparat, sondern wirkt sich auch auf den passiven Bewegungsapparat (Sehnen, Bänder und Gelenke) aus. Die Bedenken der Eltern sind in diesem Zusammenhang also nicht ganz unbegründet. Ein altersgerechtes Training kann hingegen sehr sinnvoll sein. [...]

Anzahl der übergewichtigen Kinder nimmt zu

In der Vergangenheit waren übergewichtige Kinder und Jugendliche eine Seltenheit. Heute werden es immer mehr. Dazu kommen zum Teil gravierende Haltungsschwächen sowie konditionelle und koordinative Mängel. Nicht zuletzt trägt zu diesem Umstand die zunehmende Technisierung bei. [...]

Dabei sollten gerade im Kindes- und Jugendalter Anreize für Sport geschaffen werden. Darunter zu verstehen ist ein „kindgerechtes" Krafttraining, das die Koordination und Kraft des Kindes fördern soll. Ein speziell auf ein Kind abgestimmtes Training hat den Vorteil, dass es den gesamten Bewegungsapparat fördert. Natürlich soll ein Krafttraining im Kindesalter keine Modellathleten hervorrufen. Vielmehr geht es darum, den natürlichen Bewegungsdrang eines Kindes auszunutzen, um gezielt späteren Defiziten vorzubeugen.

Intensives Workout in jungen Jahren und die Risiken

Wenn Kinder Muskelaufbau betreiben, darf dies nicht mit einem gezielten Muskelaufbau bei Erwachsenen verglichen werden. Besonders in der Pubertät ist die junge Muskulatur sensibel für Sport. Allerdings sollte der Muskelaufbau nicht etwa in Form eines Hantel-Trainings erfolgen, sondern durch Übungen, bei denen die Kids ihr eigenes Körpergewicht bewegen und tragen müssen. [...]

Erst zwischen dem 17. und 21. Lebensjahr ist die Verknöcherung des Skelettsystems vollkommen abgeschlossen.

Folgende Grundsätze gelten für ein „junges" Krafttraining:
- Oberstes Ziel: Förderung der Motivation (wichtig für das ganze Leben)
- Zu Beginn sollten Kinder und Jugendliche die Rückenmuskeln und Bauchmuskeln trainieren (Entwicklung der Halte- und Stützmuskulatur).
- Alle Übungen sollten kindgerecht und sicher sein.
- Besonders wichtig ist auch die Entwicklung der Koordination.
- Das Krafttraining sollte abwechslungsreich gestaltet werden.
- Es dürfen keine Maximalkraftinhalte enthalten sein.
- Längere Pausen als im Erwachsenenbereich

(http://www.fitness.de/blog/fitness/training-als-jugendlicher-ab-welchem-alter-ins-bodybuilding-einsteigen)

Eine Prüfungsaufgabe angeleitet erarbeiten

Die Aufgabe und das Material sichten

Bevor du dich intensiver mit der Aufgabenstellung auseinandersetzt und dich gegebenenfalls für die Bearbeitung der Aufgabe entscheidest, überfliege die Aufgabenstellung und den Text. Markiere unverständliche Textstellen am Rand, z. B. mit einem Fragezeichen. Solltest du beim Lesen bemerken, dass du diese Aufgabe bearbeiten möchtest, notiere sofort die Aspekte, die dir auf Anhieb besonders wichtig erscheinen.

> **Info**
>
> **Überfliegendes Lesen:** Ziel des überfliegenden Lesens ist es, sich schnell zu orientieren. Du liest nicht Wort für Wort und hältst dich nicht an unbekannten Begriffen und schwierigen Textstellen auf. Durch das überfliegende Lesen erhältst du einen ersten Eindruck davon, was du in der Aufgabe leisten sollst und was die Thematik von Aufgabe und Text ist.

1 *Lies überfliegend die Aufgabe und die dazugehörigen Texte. Markiere unklare Textstellen und notiere zum Schluss das, was dir am wichtigsten erscheint, auf den Schreibzeilen.*

_____

_____

_____

Sich in der Aufgabe orientieren

Um genau zu wissen, was bei der Lösung der Aufgabe von dir erwartet wird, solltest du nun die Aufgabe sehr gründlich lesen. Markiere dafür die Schlüsselwörter in der Aufgabenstellung.

2 *Ergänze folgenden Lückentext:*

Der Text, den ich zum Thema „_____

_____ " verfassen soll, richtet sich an _____

_____ . Er soll _____ veröffentlicht werden.

Folgende Aspekte müssen in dem Text bearbeitet werden: 1._____ ,

2._____ ,

3._____ ,

4._____ ,

5._____ .

Zum Schluss soll ich _____ ein Fazit ziehen und meine Empfehlungen für

_____ formulieren und begründen.

Das Material auswerten

Einen Text auswerten

Nun geht es darum, das Material im Hinblick auf die Aufgabenstellung auszuwerten. Dafür markierst du im Text wichtige Textstellen und Schlüsselwörter. Außerdem markierst du Stellen, die dir unklar sind, z. B. mit einem Fragezeichen.

Ein markierter Textabschnitt kann folgendermaßen aussehen:

* Alles andere als Kräutertee … Sport- und Schlankheitsmittel aus dem Internet

Immer mehr Leute vertrauen nicht mehr nur guter Ernährung und ihrem Trainingsplan, sondern nutzen zusätzlich Tabletten oder Pulver.

Verknüpfung Fitnessstudio – Tabletten

Aber da ist oft viel mehr drin, als man ahnt. Und zwar nichts Gutes. Das eigene Aussehen ist keinem egal. Besonders die Jungs arbeiten oft hart im Fitness-Center, aber dem einen oder anderen geht das vielleicht nicht schnell genug mit dem Muskelaufbau. Andere – hier oftmals eher die Mädels – wollen einfach abnehmen und denken, mit ein paar Tabletten geht's einfacher und schneller. Also schaut der eine wie die andere mal ins Internet und sucht nach „kleinen Helfern", die den gewünschten Effekt beschleunigen sollen.

Gründe für Tabletteneinnahme

? ? = Wirkung

3 *Markiere alle wichtigen Informationen in den Texten M1–M5.*
Überprüfe deine Unterstreichungen, indem du sie mit deinem Lernpartner/deiner Lernpartnerin vergleichst. Wenn du alleine gearbeitet hast, überprüfe, ob folgende Aussagen auf deine Markierungen zutreffen:

a) ☐ Ich habe nicht mehr als ein Drittel des Textes unterstrichen.

b) ☐ Schlüsselwörter und Oberbegriffe habe ich durch Umkreisungen/doppelte Unterstreichungen oder besondere farbliche Kennzeichnungen hervorgehoben.

c) ☐ Ich habe mir am Rand Notizen durch Ausrufezeichen/Fragezeichen oder Stichpunkte (Folgen, Vorteile o. Ä.) gemacht.

> **Tipp**
> In der Prüfung darfst du ein **Wörterbuch** benutzen. Es wird von der Schule gestellt. Sollte ein wichtiger Begriff unklar sein, kannst du ihn nachschlagen.

> **Tipp**
> Wer sich gut über **Farben** orientieren kann, markiert beim Lesen alle Informationen zu einem Aspekt der Aufgabenstellung, z. B. zum Aspekt „Sportverhalten junger Menschen", in derselben Farbe.

Ein Diagramm auswerten

Im Aufgabentyp 2 findest du häufig ein Schaubild oder eine Tabelle. Diese ordnen Zahlen und Zusammenhänge grafisch an. Achte beim Auswerten von Schaubildern und Tabellen immer auf die Überschrift. Wichtige Anregungen und Hilfen zur Auswertung von Schaubildern und Diagrammen findest du ab Seite 16.

4 *Lies den Titel des Schaubildes M 4 (S. 24) und stelle erste Überlegungen darüber an, was darin grafisch dargestellt wird.*

_____

_____

_____

5 *Kreuze an: Bei dem Schaubild auf Seite 24 handelt es sich um ...*

a) ☐ ein Kreisdiagramm.　　　　　c) ☐ ein Kurvendiagramm.

b) ☐ ein Säulendiagramm.　　　　　d) ☐ ein Balkendiagramm.

6 *Werte das Schaubild aus.*

a) *Wie entwickelt sich das Sportverhalten von Mädchen?*

_____

_____

b) *Wie entwickelt sich das Sportverhalten von Jungen?*

_____

_____

c) *Vergleiche das Sportverhalten von Jungen und Mädchen.*

_____

_____

_____

d) *Wie viele der Schülerinnen und Schüler besuchen regelmäßig ein Fitnessstudio?*

_____

_____

_____

Die Informationen strukturieren

Du hast nun die Materialien sorgfältig durchgearbeitet. Um sie für die Lösung der Aufgabenstellung sinnvoll nutzen zu können und nicht einfach in einem Text wahllos aneinanderzureihen, musst du sie jetzt strukturieren. Die Aufgabenstellung gibt dir dazu eine Hilfestellung, nämlich die Untergliederung.
Je nach Lerntyp kannst du eine Mindmap oder eine Tabelle anlegen, in die du die Ergebnisse deiner Auswertung in Stichpunkten einträgst.

Das Anlegen einer Mindmap zur Strukturierung der Arbeitsergebnisse

In die Mitte deiner Mindmap schreibst du das Thema. Du kannst auch bereits Platz für den Titel deines Zeitungsartikels lassen. Dann legst du Arme an, die den Gliederungspunkten der Aufgabenstellung entsprechen. Auf der nächsten Gliederungsebene trägst du die Ergebnisse ein, die deine Materialauswertung für diesen Unterpunkt ergeben hat.

Der Anfang deiner Mindmap könnte folgendermaßen aussehen.

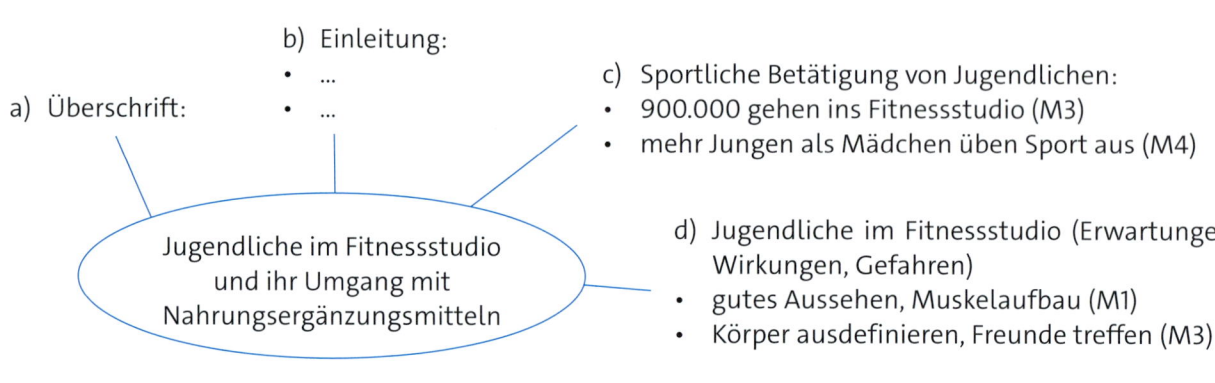

7 *Übertrage die Mindmap in dein Heft und vervollständige sie. Vergleiche dann mit deinem Lernpartner/ deiner Lernpartnerin die Ergebnisse oder nutze das Lösungsheft. Ergänze, falls notwendig.*

Das Anlegen einer Tabelle zur Strukturierung der Arbeitsergebnisse

Statt einer Mindmap legst du zur Strukturierung der Arbeitsergebnisse eine Tabelle an. In der ersten Spalte notierst du die Gliederungspunkte der Aufgabenstellung. Die folgenden Spalten beziehen sich auf die einzelnen Materialien. Entsprechen Aussagen der Materialien Teilen der Aufgabenstellung, werden sie entsprechend eingetragen.

	M1	M2	M3	M4
b) Einleitung				
c) Sportliche Betätigung von Jugendlichen			900.000 gehen ins Fitnessstudio	mehr Jungen als Mädchen üben Sport aus
d) Jugendliche im Fitnessstudio: Erwartungen, Wirkungen und Gefahren	gutes Aussehen und Muskelaufbau ...		Körper ausdefinieren, gutes Aussehen, Freunde treffen ...	
e) Gründe für den Griff zu Nahrungsergänzungsmitteln		Verbesserung der Trainingsleistung, schnellere Regeneration		
f) ...				
g) ...				

8 *Übertrage die Tabelle im Querformat in dein Heft und ergänze sie. Vergleiche dann mit deinem Lernpartner/deiner Lernpartnerin die Ergebnisse oder nutze das Lösungsheft. Ergänze, falls notwendig.*

Einen Schreibplan erstellen

Ein Schreibplan fasst deine Überlegungen stichpunktartig zusammen und hilft dir, deine Gedanken zu gliedern. Mithilfe des Schreibplans kannst du dich beim Schreiben des Textes voll auf die Formulierung deiner Gedanken konzentrieren und musst keine Bedenken haben, dass du etwas Wichtiges vergisst. Ein Schreibplan gliedert sich in Überschrift, Einleitung, Hauptteil und Schluss. Da der Hauptteil durch deine Mindmap oder deine Tabelle bereits abgedeckt ist, kannst du an dieser Stelle darauf verzichten.

Ein Schreibplan kann folgendermaßen aussehen:

Überschrift: Power durch Pillen oder Muskelaufbau durch Training?

Einleitung:

Hauptteil: siehe Mindmap oder Tabelle

Schluss:

Tipp

Die Überschrift sollte den Leser neugierig machen und informativ sein. Der Leser sollte auf Anhieb das Thema des Textes erfassen können.

Tipp

Die Einleitung sollte zum Thema hinführen und auf die Adressatengruppe abgestimmt sein. Sie soll zum Weiterlesen anregen.

Tipp

Im Hauptteil formulierst du die Informationen, die du aus den Materialien herausgearbeitet hast, im Sinne der Aufgabenstellung aus. Achte dabei darauf, dass du die Textabschnitte zu den einzelnen Teilaufgaben optisch durch Absätze gliederst.

Tipp

Im Schluss fasst du die Ergebnisse deines Textes noch einmal kurz zusammen (ein Fazit ziehen). Je nach Aufgabenstellung formulierst du kurz deine eigene Meinung und/oder gibst eine Empfehlung ab.

Den Text verfassen

Die wesentlichen Arbeiten hast du bereits erledigt. Jetzt geht es darum, deine Stichpunkte auszuformulieren. Lege besonderen Wert auf die Einleitung und den Schluss. Sie sollten auf die Adressaten, die in der Aufgabenstellung benannt sind, abgestimmt sein. Ein weiteres Augenmerk solltest du auf die Überleitungen zwischen einzelnen Aufgabenteilen legen. Achte darauf, jeweils Absätze einzufügen, wenn du einen Aufgabenteil bearbeitet hast.

Eine Einleitung schreiben

9   **a)** *Lies die folgenden Anfänge zu einer Einleitung und beurteile, welche am besten gelungen ist.*

A) Mein Nachbar geht regelmäßig ins Fitnessstudio und er hat mich schon öfter mitgenommen. Er hat mir dabei auch immer ein Eiweißgetränk spendiert. Das fand ich ziemlich cool …

B) Wer hat das in seinem Bekannten- und Freundeskreis nicht schon erlebt? Pünktlich zum 16. Geburtstag unterschreibt das Geburtstagskind erwartungsfroh den Vertrag mit dem nächsten Fitnessstudio …

C) Fitnessstudios schießen wie Pilze aus dem Boden. Immer mehr Jugendliche auch von unserer Schule eilen in die Studios. Alle sagen, das sei gesund. Wir haben uns in der Projektwoche genauer mit diesem Thema beschäftigt und uns gefragt, ob das tatsächlich stimmt …

Meiner Meinung nach ist Einleitung _____ am besten gelungen, weil

_____

_____

_____

b) *Begründe, warum die anderen Einleitungen nicht so gut gelungen sind.*

Meiner Meinung nach ist Einleitung _____ nicht so gut gelungen, weil

_____

_____

Meiner Meinung nach ist Einleitung _____ nicht so gut gelungen, weil

_____

_____

10 *Formuliere eine eigene Einleitung für deinen informierenden Text zum Thema „Bodystyling – Jugendliche im Fitnessstudio und ihr Umgang mit Nahrungsergänzungsmitteln", in der du auch zum Hauptteil deines Textes überleitest. Schreibe in dein Heft.*

Den Hauptteil schreiben

Formuliere nun die Stichpunkte aus deiner Mindmap oder Tabelle aus. Setze nach der Bearbeitung jeder Teilaufgabe einen Absatz. Achte darauf, dass du nicht einfach aus den Texten abschreibst, sondern mit eigenen Worten formulierst und erklärst. Gestalte die Übergänge so, dass der Leser deinen Gedanken folgen kann, auch wenn er die Aufgabenstellung nicht kennt. Achte darauf, dass die Formulierungen zu der Situation passen, die in der Aufgabenstellung formuliert wurde (Artikel für die Homepage, Flugblatt, Broschüre).

11 *Lies die folgenden Überleitungen zwischen den Aufgabenteilen d) und e) (Erwartungen an den Besuch im Fitnessstudio sowie Wirkungen und Gefahren – Gründe für den Verzehr von Nahrungsergänzungsmitteln).*

A) Kommen wir nun zu den Gründen, weshalb Jugendliche zu Nahrungsergänzungsmitteln greifen.

Das tun nämlich viele. In den Materialien M1, M2 und M3 findet man zahlreiche Hinweise. Diese

möchte ich hier nun kurz darstellen.

B) Vielen Jugendlichen reicht der Besuch im Fitnessstudio alleine nicht aus, um ihren Körper in Form zu

bringen. Sie greifen deshalb auf Nahrungsergänzungsmittel wie Eiweißpräparate zurück, um die

Trainingseffekte zu verstärken. Diese Nahrungsergänzungsmittel werden mittlerweile ... angeboten.

Meiner Meinung nach ist Überleitung _____ nicht gelungen, weil

Meiner Meinung nach ist Überleitung _____ gelungen, weil

_____

_____

_____

_____

Den Schluss schreiben

Zum Schluss sollst du die wichtigsten Aussagen noch einmal zusammenfassen. Neue Aspekte dürfen an dieser Stelle nicht mehr aufgegriffen und erwähnt werden. Außerdem sollst du deine eigene Meinung, Wünsche oder Forderungen formulieren. Auch Empfehlungen an die Leser/-innen sind an dieser Stelle oft angebracht.

12 *a) Lies die folgenden Schlussformulierungen und notiere, welche deiner Meinung nach am besten gelungen ist. Begründe kurz.*

_____

_____

_____

_____

A) Zum Schluss möchte ich noch einmal zusammenfassen, dass man sowohl den Besuch im Fitnessstudio wie die Einnahme von Nahrungsergänzungsmitteln bei Jugendlichen nicht grundsätzlich verteufeln sollte.

Vielmehr kommt es darauf an, dass man bereits weitgehend ausgewachsen ist, wenn man mit dem Training beginnt, und dass man sich bei der Auswahl der Übungen kompetent beraten lässt. Auch die Einnahme von Nahrungsergänzungsmitteln kann sinnvoll sein, wenn ...

B) An dieser Stelle möchte ich betonen, dass ich persönlich den Besuch im Fitnessstudio völlig überflüssig finde. Auch den Verzehr von Nahrungsergänzungsmitteln halte ich für total daneben. Die rennen doch alle einem Schönheitsideal von „He-Man" hinterher. Hinter den Muskeln verbirgt sich nicht Sportlichkeit, sondern nur heiße Luft. Das macht mich überhaupt nicht an.

C) Ich kann gut verstehen, dass viele Jugendliche ins Fitnessstudio gehen und zu Nahrungsergänzungsmitteln greifen. Wir alle stehen heute unter einem hohen Erfolgsdruck. Jeder möchte schlank, sportlich und attraktiv sein. Wer unseren Artikel gelesen hat, wird aber zumindest bei den

Nahrungsergänzungsmitteln jetzt sicher vorsichtiger sein. Ihr Verzehr birgt große Risiken, die man

nicht unterschätzen sollte.

b) *Schluss B ist sehr umgangssprachlich formuliert. Überarbeite ihn so, dass er den Anforderungen einer Abschlussarbeit entspricht. Schreibe in dein Heft.*

c) *Formuliere einen Schluss für deinen eigenen Text in deinem Heft.*

Den Text sprachlich und inhaltlich überarbeiten

Lies nun den Text noch einmal mit einer kritischen Distanz durch. Folgende Checkliste kann dir dabei helfen:

Checkliste	
Überprüfe die Rechtschreibung, insbesondere auf ...	Überprüfe, ob du alle Aufgabenteile bearbeitet hast:
Groß- und Kleinschreibung. ☐	a) Überschrift ☐
die Schreibung von *dass* und *das*. ☐	b) Einleitung ☐
Kommas in Satzgefügen. ☐	c) ☐
	d) ☐
Achte darauf, dass ...	e) ☐
die Sätze vollständig sind. ☐	f) ☐
die Satzstellung richtig ist. ☐	g) ☐
Ausdruck und Wortwahl das zum Ausdruck bringen, was du sagen möchtest. ☐	

Gib zum Schluss die Materialien an: *Ich habe die Materialien M1 – M5 benutzt.*

Hinweis zum Umgang mit der Zeit

Für die Bearbeitung der gesamten Aufgabe hast du 120 Minuten Zeit. Wenn du in den ersten 60 Minuten die Vorarbeiten (vom Sichten der Aufgabe/des Materials bis zur Erstellung des Schreibplans, S. 25–29) sorgfältig erledigst, verbleiben 60 Minuten Zeit, um den eigentlichen Text zu schreiben und sorgfältig zu überprüfen. Zeit für einen Schoko- oder Müsliriegel zwischendurch und eine kurze Pause nach dem Schreiben und vor dem Korrigieren sollte auch noch sein.

Eine Argumentation zu einem Sachverhalt erstellen (Aufgabentyp 3)

Den Aufgabentyp 3 kennen lernen

Ein weiteres Wahlthema könnte eine Aufgabe vom Typ 3 sein. **Aufgabentyp 3** erfordert, dass du **zu einem strittigen Gegenstand oder Sachverhalt Stellung beziehst** und **eine andere Person von deiner Meinung überzeugst**. Dazu bekommst du in der Regel eine Liste von Argumenten, aus der du geeignete Aspekte für deine Argumentation auswählen sollst. Diese Argumente sollst du zu einer Argumentation ausformulieren, die in ihrer Form (z.B. Leserbrief oder Kommentar) den Vorgaben in der Aufgabenstellung entspricht und auf die Adressaten, die in der Aufgabenstellung genannt werden, abgestimmt ist.

Folgendermaßen könnte die Aufgabenstellung lauten:

An deiner Schule schlägt die Schulleitung vor, dass gegen Schülerinnen und Schüler, die zum dritten Mal beim Rauchen auf dem Schulgelände erwischt werden, eine Geldstrafe verhängt wird. Die Schule will Name und Adresse des Schülers / der Schülerin an das Ordnungsamt weitergeben und ähnlich wie beim „Falschparken" erhalten Erziehungsberechtigte oder Schüler / -in eine Zahlungsaufforderung von 60 € wegen eines Verstoßes gegen das Nichtraucherschutzgesetz von der Stadt. In der Schulkonferenz, in der Schüler-, Eltern- und Lehrervertreter mit der Schulleitung tagen, steht die Diskussion dieser Idee auf der Tagesordnung.

Die Schülervertretung ist zu dem Schluss gekommen, die Meinung der Schüler/-innen zu diesem Bußgeld wegen wiederholten Rauchens auf dem Schulgelände einzuholen. Sie fordert euch deshalb auf, Briefe an die Schülersprecherin Luisa Rautenberg zu schreiben. Für deinen Brief hast du schon vorgearbeitet und stichpunktartig notiert, welche Argumente zu diesem Thema in deiner Schule diskutiert werden. Eine eigene Meinung hast du dir auch schon gebildet.

ABER: Nicht alle Stichpunkte aus der Liste **sind geeignet**, um Luisa von deiner Meinung zu überzeugen.

1. Die Durchsetzung des Rauchverbots in öffentlichen Gebäuden ist Umsetzung von Bundes- und Landesgesetz.

2. Einschaltung des Ordnungsamtes und Bußgeld sind übertriebene Maßnahmen.

3. Die rauchenden älteren Schülerinnen und Schüler sind ein schlechtes Vorbild für die jüngeren.

4. Rauchende Schülerinnen und Schüler auf dem Schulgelände schaden dem guten Ruf einer Schule.

5. Rauchen schadet der Gesundheit.

6. Der Rauch zieht durch das ganze Gebäude und die Kleidung der rauchenden Schülerinnen und Schüler stinkt.

7. Rauchen ist Ausdruck eines Lebensstils.

8. Das Rauchen in der Schule sollte durch Aufklärung und Prävention verhindert werden.

9. Rauchende Schülerinnen und Schüler finden immer eine Möglichkeit, in der Schulzeit zu rauchen.

10. Konsequentes Durchgreifen der Lehrerinnen und Lehrer reicht aus.

11. Schulen haben größere Probleme und wichtigere Aufgaben, als sich in der Durchsetzung von Rauchverboten aufzureiben.

12. _____

_____

13. _____

_____

Aufgabenstellung:

1 *Erledige folgende Vorarbeiten, bevor du den Brief an Luisa schreibst.*

a) *Prüfe die Stichpunkte der oben stehenden Liste gründlich auf ihre Richtigkeit und Überzeugungskraft.*

b) *Wähle drei Stichpunkte aus, die du als Grundlage für deine Argumentation am überzeugendsten findest. Falls in der Liste ein deiner Meinung nach wichtiger Gedanke fehlt, kannst du ihn ergänzen. Trage die Nummer der von dir ausgewählten Stichpunkte in die folgende Tabelle ein und begründe die Auswahl.*

Ich bin

☐ für ein Bußgeld von 60 € bei wiederholtem Rauchen auf dem Schulgelände.

☐ gegen ein Bußgeld von 60 € bei wiederholtem Rauchen auf dem Schulgelände.

Meine Auswahl	Warum hältst du den ausgewählten Stichpunkt für besonders geeignet, um Luisa von deiner Meinung zu überzeugen?
Nr.	
Nr.	
Nr.	

c) *In deinem Brief sollst du das wichtigste Argument der Gegenseite zurückweisen. Wähle dazu einen Stichpunkt aus und begründe deine Entscheidung.*

Meine Auswahl	Warum muss gerade dieser Stichpunkt der Gegenseite unbedingt entkräftet werden?
Nr.	

2 *Verfasse auf der Grundlage deiner Vorarbeiten einen Brief an Luisa. Dein Ziel ist es, sie von deiner Meinung zu überzeugen.*

Gehe dabei folgendermaßen vor:
- *Formuliere eine Einleitung, in der du den Grund deines Schreibens und deine Position verdeutlichst.*
- *Begründe deine Position: Erweitere die ausgewählten Stichpunkte zu Argumenten, indem du sie näher erläuterst und/oder sie durch Beispiele veranschaulichst.*
- *Entkräfte das von dir gewählte Gegenargument.*
- *Bringe die Argumente in eine sinnvolle Reihenfolge und beziehe das Gegenargument angemessen ein.*
- *Formuliere einen Schluss, in welchem du noch einmal bei der Schülersprecherin Luisa für deine Position wirbst.*
- *Berücksichtige bei deinen Ausführungen, an wen dein Brief adressiert ist.*

Eine Prüfungsaufgabe angeleitet erarbeiten

1. Sich in der Aufgabe orientieren

Um genau zu wissen, was bei der Lösung der Aufgabe von dir erwartet wird, solltest du die Aufgabe sehr gründlich lesen. Wie auch im Aufgabentyp 2 wird im Aufgabentyp 3 immer eine konkrete Situation vorgegeben sowie ein Leser/Adressat für den zu schreibenden Text. Es ist wichtig, dass du dir vor der Bearbeitung der Aufgabe über die Situation und über den Adressaten, für den du schreibst, im Klaren bist. Davon hängen zum Beispiel die Anrede, der Ausdruck und auch die Auswahl der Argumente ab.

1 *Lies nun die Aufgabe sorgfältig und markiere die Schlüsselwörter in der Aufgabenstellung.*

2 *Ergänze dann folgenden Lückentext.*

Die Argumentation, die ich zum Thema „_____

_____ " verfassen soll, richtet sich an _____.

Sie soll als _____ formuliert werden. Ich schreibe diese Argumenta-

tion, weil_____

_____.

Mindestens _____ Argumente sollen ausführlich erläutert und _____

_____ soll entkräftet werden.

2. Die Auswahl der Stichpunkte begründen

Ob ein Stichpunkt geeignet ist, im Rahmen der Aufgabenstellung zu einem Argument entfaltet zu werden und die Leser/-innen oder Zuhörer/-innen zu überzeugen, ist nicht allein davon abhängig, ob er sprachlich ansprechend und ausführlich ausgestaltet wurde. Vielmehr kommt es auch darauf an, dass der Stichpunkt so ausformuliert wurde, dass er zur Situationsvorgabe passt, dass er die Adressaten anspricht, die erreicht werden sollen, und dass ein Bezug zum Diskussionsgegenstand besteht, d. h., der Stichpunkt trägt zur Klärung des Sachverhaltes bei. Bei der Auswahl der Stichpunkte solltest du dir also Gedanken machen, ob sie zur Aufgabenstellung passen und für den Diskussionsgegenstand von Bedeutung sind. Weiter solltest du im Hinterkopf haben, ob du bereits Ideen für Beispiele und Erläuterungen hast, mit denen du die Stichpunkte zu einem Argument erweitern kannst.

Bearbeite nun in der Prüfungsaufgabe den Aufgabenteil 1.

Vorsicht

In die Tabelle aus Aufgabe 1 sollst du keine Beispiele und Erläuterungen einfügen!

3. Stichpunkte belegen und zu Argumenten erweitern

Du hast nun drei Stichpunkte ausgewählt, die deinen Standpunkt unterstützen sollen. Außerdem hast du einen Stichpunkt ausgewählt, der für den Standpunkt der Gegenseite von Bedeutung ist. Damit aus einem Stichpunkt ein tragfähiges Argument wird, musst du ihn durch geeignete Beispiele und Erläuterungen belegen.

3 *Ordne folgende Beispiele und Erläuterungen durch Linien den entsprechenden Stichpunkten zu.*

Stichpunkt	Beispiel und/oder Erläuterung
1. Konsequente Anwendung schulinterner Bestrafungsmöglichkeiten reicht aus.	a) – Mobbing, Streitschlichtung und außerunterrichtliche Projekte beanspruchen viel Zeit – Zahl der Raucher rückläufig – „Fahndung" nach rauchenden Schülerinnen und Schülern kostet zu viel Zeit
2. Das Rauchen in der Schule sollte durch Aufklärung und Prävention verhindert werden.	b) – Lehrer sollten häufiger während ihrer Aufsicht versteckte Raucherecken aufsuchen – selten ist es nötig, Tadel zu verschicken und Eltern zu benachrichtigen
3. Schulen haben größere Probleme und wichtigere Aufgaben, als sich in der Durchsetzung von Rauchverboten aufzureiben.	c) – Versuch in Biologie, Klasse 6: Durch einen Wattebausch den Rauch einer Zigarette eingezogen → im Wattebausch blieben die Rückstände, die in die Lunge gelangen → Lust auf Zigaretten vergangen

4 *Finde nun passende Beispiele und/oder Erläuterungen für folgende Stichpunkte:*

Rauchende Schülerinnen und Schüler finden immer eine Möglichkeit, in der Schulzeit zu rauchen.

Beispiel/Erläuterung: _____

_____

_____

Einschaltung des Ordnungsamtes und Bußgeld sind übertriebene Maßnahmen.

Beispiel/Erläuterung: _____

_____

_____

5 *Suche für die Stichpunkte, die du in Aufgabe 1b auf Seite 35 ausgewählt hast, Belege und Beispiele.*

Tipp

Alle Beispiele und Übungen in diesem Heftteil verfolgen einen **Standpunkt gegen ein Bußgeld** für wiederholtes Rauchen auf dem Schulhof. Du kannst diese Übungen später auch beim Ausformulieren deiner Argumentation zu Hilfe nehmen. Selbstverständlich kannst du auch deine eigenen Ausarbeitungen nutzen.

4. Argumente anordnen und einen Schreibplan anfertigen

Es empfiehlt sich, auch für die Argumentation einen Schreibplan anzufertigen, in dem du in Stichpunkten festhältst, was du schreiben möchtest. Im Hauptteil kommt es darauf an, die Argumente so anzuordnen, dass sie deinen Standpunkt besonders gut stützen. Im Allgemeinen gilt als Faustregel, dass man das Argument, das den eigenen Standpunkt am stärksten stützt, als Letztes nennt. So bleibt es dem Leser / der Leserin am besten im Gedächtnis.

Schreibplan zum Thema „Bußgeld für Rauchen auf dem Schulhof?":

1. Einleitung

_____

2. Hauptteil

Argument 1: _____

Argument 2: _____

Argument 3: _____

3. Schluss

An dieser Stelle kannst du dir schon einmal überlegen, welches Gegenargument du in deiner Argumentation aufgreifen und entkräften möchtest. Außerdem kannst du durch einen Pfeil im Schreibplan deutlich machen, an welcher Stelle deiner Argumentation du es einfügen willst.

Gegenargument

5. Die Einleitung schreiben

Die Einleitung deiner Argumentation sollte auf die Aufgabenstellung abgestimmt sein.
Kläre folgende Fragen zur vorliegenden Aufgabenstellung, bevor du eine Einleitung schreibst.

6 **a)** *In welcher Textform schreibst du die Argumentation zum Thema? Streiche die unzutreffenden Begriffe durch.*

Kommentar – persönlicher Brief – Flugblatt/Aufruf – Leserbrief

b) *Nenne den Adressaten / die Adressatin des Textes:* _____

c) *Formuliere den Anlass der Argumentation:* _____

d) *Nenne den Gegenstand / das Thema der Argumentation:* _____

e) *Überprüfe, ob die folgende Einleitung diesen Anforderungen entspricht. Begründe deine Entscheidung.*

> *Liebe Lehrerschaft, liebe Eltern, liebe Mitschülerinnen und Mitschüler,*
>
> *wir haben uns heute hier versammelt, um darüber abzustimmen, ob an unserer Schule demnächst ein Bußgeld für das Rauchen auf dem Schulgelände erhoben werden soll. Die Lehrer wollen sofort das Ordnungsamt informieren, wenn sie einen Schüler beim Rauchen erwischen. Ich finde diesen Vorschlag nicht gut und möchte Ihnen und euch meinen Standpunkt nun darlegen. ...*

Die Einleitung entspricht/entspricht nicht den Anforderungen der Aufgabenstellung, weil _____

_____

_____

_____

_____

_____

7 *Schreibe eine überarbeitete Einleitung für die Argumentation in dein Heft.*

> **Tipp**
>
> **So kannst du deine Meinung äußern:**
> Ich bin der Meinung, dass …
> Ich meine, dass …
> Ich stehe auf dem Standpunkt, dass …
> Ich vertrete den Standpunkt, dass …
> Meiner Meinung/Ansicht nach …
> Ich finde, dass …

6. Den Hauptteil ausformulieren

Im Hauptteil deiner Argumentation geht es darum, die einzelnen Stichpunkte zu Argumenten auszuarbeiten und zu verknüpfen.

8 *Formuliere nun die Stichpunkte aus Teil 3 (S. 37) zu vollständigen Argumenten aus. Beginne mit dem unten genannten Stichpunkt. Nutze die Formulierungshilfen.*

> Konsequente Anwendung schulinterner Bestrafungsmöglichkeiten reicht aus.

> – Lehrer sollten häufiger während ihrer Aufsicht versteckte Raucherecken aufsuchen
> – selten ist es nötig, Tadel zu verschicken und Eltern zu benachrichtigen

Ein Argument für meine Ablehnung des Bußgeldes ist, dass meiner Auffassung nach die konsequente

Anwendung _____

_____

_____

_____

_____

_____

_____

_____

_____

Tipp

So kannst du ein Argument beginnen:
Ein Argument für/gegen … ist …
Ein weiteres Argument, das dafür-/dagegenspricht, ist …
Außerdem spielt noch … eine Rolle.
Weiterhin ist zu bedenken, dass …
Außerdem …
Ein Vorteil/Nachteil besteht darin, dass …
Dafür-/Dagegenspricht, dass …
Besonders wichtig ist …
Weitaus wichtiger aber ist …
Am wichtigsten erscheint mir …

9 *Formuliere die zwei anderen Argumente in deinem Heft aus.*

Das Gegenargument entkräften

Wenn du ein Gegenargument entkräften willst, stellst du es zunächst kurz dar, um dann dem Adressaten deines Textes zu zeigen, dass dieses Argument weniger Bedeutung hat als die von dir angeführten Argumente.

Tipp

Es wirkt für deinen eigenen Standpunkt wenig überzeugend, wenn du das schwächste Argument der Gegenposition auswählst. Wähle **ein starkes Argument der Gegenseite**, für dessen Entkräftung dir gute Ideen für Beispiele und Erläuterungen einfallen.

10 *Du hältst den Stichpunkt „Durchsetzung des Rauchverbots in öffentlichen Gebäuden ist Umsetzung von Bundes- und Landesgesetz" für einen tragfähigen Stichpunkt der Gegenseite. Du gehst davon aus, dass viele Eltern argumentieren werden, dass sie in der Verwaltung oder einem Betrieb arbeiten. Wenn dort Kolleginnen und Kollegen rauchen möchten, wird das auch schon seit einigen Jahren nicht mehr geduldet und sie müssen das Gebäude verlassen. Die Raucherpause zählt auch nicht als Arbeitszeit.*

a) *Formuliere diesen Stichpunkt so aus, dass er sich in deine Argumentation einfügt. Schreibe auf die Zeilen unten.*

b) *Führe den Text dann so fort, dass dieses Argument entkräftet wird.*

7. Den Schluss verfassen

Zum Schluss deiner Argumentation nennst du noch einmal deinen Standpunkt und fasst deine Überlegungen „kurz und knackig" zusammen. Je nach Aufgabenstellung sollst du an dieser Stelle auch einen Vorschlag oder weitergehende Gedanken formulieren.

11 *Verfasse nun einen Schluss für deine Argumentation gegen ein Bußgeld für das Rauchen auf dem Schulgelände.*

_____

_____

_____

_____

_____

8. Den Text überarbeiten

12 *Kontrolliere und berichtige kritisch alle Aufgabenteile, die du bisher gelöst hast. Lies nochmal in den entsprechenden Abschnitten des Arbeitsheftes nach, was du nicht mehr weißt.*

13 *Schreibe nun eine überarbeitete und vollständige Argumentation gegen ein Bußgeld für das Rauchen auf dem Schulhof im Sinne der Aufgabenstellung in dein Heft.*

Ergänzende Übung zum Kapitel:

Verfasse eine Argumentation für ein Bußgeld für das Rauchen auf dem Schulhof. Gehe dabei so vor, wie du es geübt hast.

Informationen zusammenfassen, vergleichen und bewerten (Aufgabentyp 4b)

Den Aufgabentyp 4b kennen lernen

Ein weiteres Wahlthema im zweiten Prüfungsteil könnte eine Augabe vom Typ 4b sein. Bei diesem Aufgabentyp erhältst du in der Regel **mindestens zwei kontinuierliche oder diskontinuierliche Texte** zur selben Thematik. Diese Texte sollst du miteinander **vergleichen** und **das gemeinsame Thema herausarbeiten**. Weiter wird von dir gefordert, die Inhalte der Texte **strukturiert und zusammenfassend darzustellen** und **Unterschiede herauszuarbeiten**. In einem weiteren Schritt sollst du zur angesprochenen Thematik **Stellung beziehen**.

Folgendermaßen könnte die Aufgabenstellung lauten:

Lies bitte erst die Materialien, bevor du dich der Bearbeitung der Aufgabenstellung zuwendest.

① *Untersuche und vergleiche die Materialien M1, M2 und M3.*
Gehe dabei so vor:
- *Formuliere das gemeinsame Thema von M1, M2 und M3. Benenne dabei auch die Textsorten.*
- *Fasse kurz die Kernaussage von M1, M2 und M3 zusammen.*
- *Erläutere anhand von M1 die Sorgen und Befürchtungen, die Eltern mit Handynutzung verbinden.*
- *Stelle dar, was Experten im Umgang mit dem Handy Eltern raten.*
- *Überprüfe, ob sich die Tipps und Hinweise der Experten in den Aussagen der Schülerin in M3 wiederfinden lassen. Arbeite dabei auch Unterschiede zwischen M1 und M3 heraus.*

② *In M3 formuliert die Schülerin Pia in Bezug auf die Handynutzung „Es ist eben schwierig, die Grenze zu finden." (Z. 22). Nimm Stellung zu dieser Meinung. Du kannst dabei auf eigene Erfahrungen und Beobachtungen zurückgreifen. Schreibe einen zusammenhängenden Text.*

M 1   Ist das normal?

Teenager kommunizieren nur noch über WhatsApp miteinander. Wird das Handy verboten, führt das zu Panikattacken. Wie verhalten sich Eltern da noch richtig? [...] Experten geben Antworten.

Ich habe klare Regeln aufgestellt, aber manchmal weiche ich aus Bequemlichkeit davon ab. Wie viele Ausnahmen darf ich machen, damit eine Regel noch eine Regel ist?

Bert te Wildt: Es ist grundsätzlich wichtig, sich innerhalb der Familie auf Regeln zu verständigen und sie einzuhalten. Viele Eltern haben kein Bewusstsein für die Notwendigkeit, den digitalen Konsum zu reglementieren, oder sie haben aufgegeben. Ausnahmen sollten aber gut begründet sein und nicht aus Resignation entstehen. Sich gemeinsam ein Fußball-Länderspiel der WM anzusehen, obwohl an Wochentagen spätabends eigentlich Fernsehverbot herrscht, ist etwas anderes, als vor lauter Ermü-

dung zu kapitulieren und die Kinder mit Computern und Tablets sich selbst zu überlassen, um Diskussionen aus dem Weg zu gehen.

Mein Sohn spielt mit seinem Freund mit großer Leidenschaft „Minecraft". Sie sitzen dann beide bei sich zu Hause und telefonieren die ganze Zeit dazu. Wenn ich frage, warum sie sich nicht treffen oder zum Fußballspielen rausgehen, dann bekomme ich die sozial erwünschte Antwort: Aber wir machen doch was zusammen und unterhalten uns sogar! Hat er recht?

Sabina Misoch: Medienbezogene Freizeitbeschäftigungen nehmen heute immer mehr Raum ein. Computerspiele sind inzwischen Teil der normalen Sozialisation, besonders für männliche Jugendliche. Wir Erwachsene können nicht erwarten, dass die Jugendlichen heute so medienabstinent aufwachsen wie frühere Generationen. Zudem finde ich gerade dieses Beispiel nicht problematisch, da die beiden beim Telefonieren wahrscheinlich Strategien absprechen und sich über anderes unterhalten – das ist soziale Interaktion.

Es macht mich wahnsinnig, wenn ich Jugendliche beobachte, wie sie zusammensitzen, sich unterhalten, aber trotzdem die ganze Zeit ihr Handy in der Hand haben, um über WhatsApp zu chatten. Kann ich da als Mutter auch mal deutlich meinen Unmut äußern oder habe ich das als Kultur des Beisammenseins zu akzeptieren?

Angelika Beranek: Klar darf man seinen Unmut äußern. Aber man sollte auch verstehen, was die Jugendlichen da tun. Was man als Außenstehender als antisoziales Verhalten wahrnimmt, ist oft sozialer, als man denkt. Wenn man Teenager fragt, warum sie das tun, dann sagen sie oft: weil bestimmte Personen gerade nicht dabei sind und wir sie nicht aus der Gruppe ausschließen wollen. [...] Außerdem ist es eine Möglichkeit, ein Gespräch auch mal im Geheimen zu führen, gerade wenn man glaubt, dass die Eltern in der Nähe sind und mithören könnten. [...]

Meine pubertierende Tochter erhält unzählige WhatsApp-Nachrichten am Tag. Oft schicken sich die Kinder einfach nur Smileys, Herzchen, Küsschen. Ist das alles nur oberflächliche Show oder sorgen die Messenger für mehr soziale Nähe?

Sabina Misoch: Unser erwachsener Begriff von Kommunikation ist sehr informationsbezogen. Die Kommunikation von Jugendlichen dagegen ist in erster Linie sozial orientiert. Ich mag dich, denk an dich, bin bei dir. Wir nennen das phatische Funktion der Sprache. Dabei dient die Kommunikation dazu, soziale Beziehungen aufrechtzuerhalten. Natürlich in einem Maße, das wir als Erwachsene nicht nachvollziehen können, weil es so viel Raum einnimmt.

Angelika Beranek: Im Jugendalter ist es ganz normal, dass man sich ständig rückversichert, wie der Freund oder der Klassenkamerad gerade zu einem steht. Das hat mit der eigenen Unsicherheit zu tun und gehört zum Aufwachsen. Das „Ich hab dich lieb" über WhatsApp ist eine Freundschaftsbekundung, wenn man sich gerade nicht persönlich gegenübersteht. Wie das Händchenhalten zweier Freundinnen, die gemeinsam in der Stadt unterwegs sind. Ein Offline-Phänomen also, nur online ausgeführt. Die „Herzchen für alle" zeigen auch, dass Jugendliche sich viel extremer ausdrücken, viel expressiver sind als wir Erwachsenen.

(Da die meisten Eltern uns darum gebeten haben, ihre Namen nicht zu nennen, haben wir grundsätzlich darauf verzichtet.)   Stern (32/2016)

M 2

Empfangsbereit
99 Prozent der Jugendlichen haben Internet – und sie sind immer länger online

2002	⌷⌷⌷⌷⌷⌷⌷	**7** Stunden / Woche
2006	⌷⌷⌷⌷⌷⌷⌷⌷⌷	**9**
2010	⌷⌷⌷⌷⌷⌷⌷⌷⌷⌷⌷⌷⌷	**13**
2015	⌷⌷⌷⌷⌷⌷⌷⌷⌷⌷⌷⌷⌷⌷⌷⌷⌷⌷	**18**

nach Stern (32/2016)

M 3 „Ich hänge im Netz doch nicht nur blöd ab. Ich schaue nach Leuten, die richtig gute Sachen machen" (Pia, 14)

„Meine Eltern sagen oft, ich soll doch ‚das Ding' endlich mal weglegen und rausgehen. Mich mit Leuten treffen. Aber meine Freunde sehe ich jeden Tag in der Schule, und die haben doch auch gar nicht jeden Nachmittag Zeit! Außerdem hänge ich im Netz ja nicht nur blöd ab und chatte rum. Ich bin mehr bei Youtube. Schaue nach den Leuten, die wirklich gute Sachen machen. Ich mag zum Beispiel Floh, der macht einen schlauen Vlog, also Video-Blog: über Sexismus im Netz, über die AfD oder auch Markenklamotten. Und ich verbringe viel Zeit mit einer Lese-App: Wattpad. Da gibt es Geschichten von anderen Jugendlichen, die selbst schreiben. Das mag ich sehr.

Allerdings: Neulich habe ich davon eine Pause gebraucht. Denn durch die App hatte ich aufgehört, echte Bücher zu lesen. Man findet kein Ende. Ich hab die App dann erst mal ge-löscht. Jetzt probiere ich gerade aus, wie ich sie nutzen kann, ohne dass es wieder zu viel wird. Es ist eben schwierig, die Grenze zu finden. Meine Eltern bestehen darauf, dass das Handy nach 22 Uhr nicht mehr bei mir im Zimmer ist. Und ehrlich gesagt, tut das auch ein bisschen gut.

Selbst etwas bei Youtube zu veröffentlichen, das traue ich mir noch nicht zu. Ich schaue lieber zu und überlege, wie ich selbst zu etwas stehe. Wenn ich sehe, dass die Leute über etwas diskutieren, was ich bescheuert finde, dann klicke ich es ganz gezielt nicht an. So wie das Video von einem Typen, der seinem Vater ein falsches Coming-out vorgespielt und dann online gestellt hat, wie der ausflippt. Warum macht man das? Damit macht man denen, die wirklich vor dem Problem stehen, doch noch mehr Angst! Ich habe alle Links auf das Video ignoriert, damit so einer nicht noch mehr Klicks bekommt."

Eine Prüfungsaufgabe angeleitet erarbeiten

1. Die Aufgabe und das Material sichten

Grundsätzlich weist der Aufgabentyp 4b einige Ähnlichkeiten mit dem Aufgabentyp 2 auf. Deshalb kannst du viele der Arbeitsschritte der Seiten 21−33 übernehmen.

1 *Bringe folgende Arbeitsschritte in eine sinnvolle Reihenfolge, indem du die Nummern (1) − (10) sortierst:*

(1) unklare Begriffe im Textzusammenhang oder mit dem Wörterbuch klären − (2) einen Text verfassen − (3) Schlüsselwörter markieren − (4) Aufgabe und Textauswahl überfliegend lesen − (5) wichtige Textstellen unterstreichen − (6) einen Schreibplan erstellen − (7) sich in der Aufgabe orientieren − (8) eine kurze Stellungnahme formulieren − (9) die Informationen strukturieren − (10) das gemeinsame Thema der Materialien erfassen

4, _____

2. Das Material auswerten

Häufig findest du in den Texten der Prüfung Fremdwörter. Durch aufmerksames Lesen kannst du ihre Bedeutung im Textzusammenhang erschließen. Gelingt dir das nicht, kannst du im Wörterbuch nachschlagen.

2 *Kläre folgende Formulierungen und Begriffe aus dem Material M1:*

die Notwendigkeit, den digitalen Konsum zu reglementieren (Z. 13−14): _____

_____

Resignation (Z. 16): _____

kapitulieren (Z. 21): _____

Sozialisation (Z. 35): _____

_____

medienabstinent aufwachsen (Z. 38): _____

phatische Funktion der Sprache (Z. 76): _____

_____

3. Die Informationen strukturieren

Bei einem Vergleich von mehreren Materialien bietet es sich immer an, mit einer Tabelle zu arbeiten. Der Nachteil der Tabelle besteht darin, dass Gemeinsamkeiten der Materialien, wie zum Beispiel das gemeinsame Thema, nicht sofort ins Auge stechen. Deshalb solltest du auch über eine Blattaufteilung wie bei einem Placemat nachdenken, wenn du die Aussagen der Materialien herausarbeitest. Entscheide selbst, in welcher grafischen Form du am besten arbeiten kannst.

3 *Entscheide, ob du mit einer Tabelle oder einer Grafik arbeiten möchtest. Übernimm eine der folgenden Vorlagen in dein Heft und trage dann die Kernaussagen der Materialien ein. (Du kannst auch mit beidem arbeiten.)*

Material 1	Material 2	Material 3
<u>Titel:</u> Ist das normal?	<u>Titel:</u> Empfangsbereit	<u>Titel:</u> ...
<u>Thema:</u> Ratschläge für Eltern zum Umgang mit Medien	<u>Thema:</u> Internetnutzung von Jugendlichen pro Woche	<u>Thema:</u> ... ...
<u>Textsorte:</u> Interview (Eltern befragen Experten)	<u>Textsorte:</u>	
<u>Stichpunkte:</u> - Kinder brauchen Regeln im Umgang mit digitalen Medien - veränderte Kommunikation - ... - ...		

M1: Ist das normal?
Textsorte: ...

Gemeinsames Thema:
Handynutzung von Jugendlichen
Gemeinsame Kernaussagen:
...

M2: Empfangsbereit
Textsorte: Balkendiagramm

M3: „Ich hänge im Netz
doch nicht nur ..."
Textsorte: Erfahrungsbericht

4. Mit der gegliederten Aufgabenstellung arbeiten

In dem Aufgabenformat 4b der Prüfung werden immer Texte miteinander verglichen. Oft geben dir die Unterpunkte der Aufgabenstellung Hinweise, worauf du besonders achten sollst. In einer Teilaufgabe wird von dir erwartet, dass du „Sorgen und Befürchtungen" der Eltern formulierst. Diese stehen nicht unmittelbar im Text, sondern müssen aus den Fragestellungen der Eltern abgeleitet werden.

Beispiel:
M1, 1. Frage: Wie viele Ausnahmen darf ich machen, damit eine Regel noch eine Regel ist? (Z. 8–9)
Sorge/Befürchtung: Ich mache aus Bequemlichkeit zu viele Ausnahmen und untergrabe damit die aufgestellten Regeln zur Handynutzung.

4 *Werte nun die weiteren Fragen des Interviews wie im Beispiel aus, um die Sorgen und Befürchtungen der Eltern vollständig herauszuarbeiten.*

2. Frage: _____

_____

Sorge/Befürchtung: _____

_____

3. Frage: _____

_____

Sorge/Befürchtung: _____

_____

4. Frage: _____

_____

Sorge/Befürchtung: _____

_____

5. Den Text verfassen

Wenn du deinen Text auf der Grundlage deiner Stichpunkte ausarbeitest, solltest du darauf achten, dass du die Aspekte berücksichtigst, die durch die untergliederte Aufgabenstellung gefordert werden. Wenn du damit Schwierigkeiten hast und dazu neigst, Informationen aneinanderzureihen, kann es hilfreich sein, einen Schreibplan zu erstellen, der sich an den Teilaufgaben orientiert.

5   **a)** *Bringe die folgenden Teilaufgaben der Schreibaufgabe in die richtige Reihenfolge und trage sie in die Vorlage für eine Checkliste unten ein.*

Sorgen und Befürchtungen der Eltern erläutern – das gemeinsame Thema der Texte benennen – Tipps und Hinweise der Experten mit Aussagen der Schülerin vergleichen – eigene Meinung zur Äußerung der Schülerin formulieren – Ratschläge der Experten an die Eltern darstellen – Kernaussagen von M1, M2 und M3 kurz zusammenfassen

b) *Verfasse jetzt deinen eigenen Text im Sinne der Aufgabenstellung von Seite 43. Nutze deine Notizen und Vorüberlegungen.*

> **Tipp**
>
> Infos zu einer Stellungnahme (Aufgabe 2) findest du auf den Seiten 34 – 42.

c) *Überprüfe den Text mithilfe der Checkliste.*

Checkliste zur Überprüfung eines Textvergleichs

	🙂	😐	🙁
das gemeinsame Thema der Texte benennen	☐	☐	☐
Kernaussagen	☐	☐	☐
	☐	☐	☐
	☐	☐	☐
	☐	☐	☐
	☐	☐	☐

Einen literarischen Text analysieren – Prosa (Aufgabentyp 4a)

Den Aufgabentyp 4a kennen lernen

Eines der Wahlthemen im Zweiten Prüfungsteil könnte eine **Aufgabe vom Typ 4a** sein. Diese erfordert, dass du **einen literarischen Text liest, verstehst** und ihn hinsichtlich der Aufgabenstellung **analysierst**. Dazu bekommst du einen Text (Romanauszug, Kurzgeschichte oder Gedicht), mit dem du auf der inhaltlichen und analytischen Ebene arbeiten sollst. Dazu fertigst du eine vollständige Analyse an, bestehend aus den drei Teilen Einleitung, Hauptteil und Schluss.

Eine Prüfungsaufgabe angeleitet erarbeiten

Folgendermaßen könnte die Aufgabenstellung lauten:

Analysiere die Kurzgeschichte „Sommerschnee" von Tanja Zimmermann.

Gehe dabei so vor:
- *Schreibe eine Einleitung, in der du Titel, Autor/-in, Textart und das Thema formulierst.*
- *Fasse den Inhalt der Kurzgeschichte kurz zusammen.*
- *Charakterisiere die Ich-Erzählerin. Erläutere hier besonders ihr Verhalten, ihr Aussehen und ihre Gefühle und Gedanken.*
- *Eine Mitschülerin sagt über den Titel der Geschichte: „Der Titel passt gar nicht zur Geschichte. Ich würde die Geschichte ‚Verlassen' nennen." Setze dich mit der Aussage auseinander und überlege, ob du ihre Einschätzung teilst. Begründe deine Meinung und beziehe dich dabei auf den Text.*

Sommerschnee   *Tanja Zimmermann*

Mir ist alles so egal, ich fühle mich gut.
Der Regen macht mir nichts aus, meine Stiefel sind durchweicht,
die Bahn kommt nicht. Neben mir hält ein Mercedes: „Engelchen,
ich fahre dich nach Hause."

5 Ich hab keine Angst, setze mich einfach neben eine alte Frau,
fühle mich sicher, mir kann nichts passieren! In der Bahn stehe
ich eingequetscht zwischen nass stinkenden Persianermänteln[1]
und grauen Anzugmännern. Die Bahn bremst, eine dicke Frau fällt
gegen mich, drückt mich an die Fensterscheibe. Die Leute fluchen,
10 beschimpfen den Fahrer. Ich lache.

Beim Aussteigen drängt jeder den anderen, ich lasse mich treiben,
bin glücklich, denke nur an dich!

An der Ampel merke ich, dass ich zu laut singe. Eine Mutter mit
Kinderwagen lacht mich an, eine aufgetakelte Blondine mustert
15 mich von oben bis unten. Ich weiß, ich bin klitschnass, meine weiße Hose ist nach fünf Tagen eher dunkelgrau, doch ich weiß, dass
sie dir gefällt. Meine Haare hängen nass und strähnig auf meiner
Schulter. Du hast gesagt, du hast dich schon am ersten Tag in mich
verliebt, und da hatte ich auch nasse Haare.

20 Ich laufe schnell über die Straße, leiste mir eine Packung Filterzigaretten, kaufe welche, die mir zu leicht sind, die du am liebsten magst.

1 Persianermantel: Mantel aus einer bestimmten Art von Schaffell

Ein grelles Quietschen. Ein wütender Autofahrer brüllt, ob ich Tomaten auf den Augen hätte. Ich lache und beruhige ihn mit einem „Kommt nicht noch mal vor". An einem Schaufenster bleibe ich trotzdem stehen, zupfe an meinen Haaren herum, ziehe die Hose über meine Stiefel, will dir ja gefallen. Ich will dir ja sogar sehr gefallen!

Auf der Apothekenuhr ist es fünf. Ich laufe quer über die nasse Wiese. Schliddere mehr, als dass ich laufe. Aber ich will dich nicht warten lassen, ich kann das auch nicht. Ich werde dann von Minute zu Minute nervöser, also laufe ich. Bevor ich schelle, atme ich erst ein paarmal tief durch, dann klingel ich, fünfmal hast du gesagt. Und meine Freude, dich zu sehen, ist endgültig Sieger über meine Angst.

Erst dann bemerke ich den kleinen zusammengefalteten Zettel an der Wand. Ja, es tut dir leid, wirklich leid, dass du Vera wiedergetroffen hast! Ich soll es mir gutgehen lassen. Richtig gutgehen lassen soll ich es mir! Die brennende Zigarette hinterlässt Wunden auf meiner Hand. Das Rattern der vorbeifahrenden Laster, das Kindergeschrei, Hundegebell und das laut aufgedrehte Radio von gegenüber verschwimmen zu einem nervtötenden, Angst einjagenden Einheitsgeräusch, meine Augen nehmen nur noch die gröbsten Umrisse wahr. Wie eine alte Frau gehe ich den endlos langen Weg zur Haltestelle, meine Füße sind nass und kalt in den durchweichten Stiefeln. Ein glatzköpfiger Mann pfeift hinter mir her, bietet mir sein Zimmer und sich an.

Verschüchtert stehe ich in der Ecke neben dem Fahrplan, mein Gesicht spiegelt sich in der Scheibe. Wann kommt endlich diese elende Straßenbahn?

(Zeilennummern am Rand: 25, 30, 35, 40, 45)

1. Sich in der Aufgabe orientieren

Um genau zu wissen, was bei der Lösung der Aufgabe von dir erwartet wird, solltest du die Aufgabe sehr gründlich lesen. Es ist wichtig, dass du die Aufgabe schrittweise bearbeitest, da die Analyseschritte aufeinander aufbauen.

1 *Lies nun die Aufgabe sorgfältig und markiere dabei die Schlüsselwörter in der Aufgabenstellung.*

2 *Worum soll es in deinem Hauptteil gehen? Kreuze die zutreffende(n) Aussage(n) an.*

a) ☐ Ich soll im Text nach Informationen zu Aussehen, Verhalten und Charakter der Ich-Erzählerin suchen.

b) ☐ Ich darf nur Informationen aus dem Text nutzen.

c) ☐ Ich soll mir überlegen, welche weiteren Merkmale und Eigenschaften die Hauptfigur haben könnte.

d) ☐ Ich soll berichten, was an dem Nachmittag in der Erzählung genau passiert ist.

e) ☐ Ich soll die Beziehung der Hauptfigur zu ihrem Freund beschreiben.

f) ☐ Ich soll die Hauptfigur möglichst genau beschreiben.

2. Den Text lesen und verstehen

1 *Lies die Kurzgeschichte aufmerksam durch. Markiere im Text und/oder mache Stichpunkte zu den einzelnen Abschnitten.*

Tipp

Zum Lesen und Markieren eines Textes siehe Umschlaginnenseite vorne.

In den folgenden Aufgaben wird dein Textverstehen überprüft.

2 *Kreuze die richtige Antwort an und notiere die Textstelle, mit der du diese Antwort belegen kannst. Es ist jeweils nur eine Antwort richtig.*

a) *Welches Wetter herrscht in der Erzählung?*

☐ Die Sonne scheint.

☐ Es regnet.

☐ Es schneit.

☐ Es gibt ein Gewitter.

Beleg: Zeile(n) _____

b) *Welches Verkehrsmittel benutzt die Hauptfigur?*

☐ Auto

☐ Fahrrad

☐ Straßenbahn

☐ Bus

Beleg: Zeile(n) _____

c) *Wie spät ist es ungefähr?*

☐ 8 Uhr

☐ 12 Uhr

☐ 17 Uhr

☐ 22 Uhr

Beleg: Zeile(n) _____

d) *Wohin möchte die junge Frau gehen?*

☐ zu Vera

☐ zu ihrer besten Freundin

☐ zu ihrem Freund

☐ zu ihrem Nachhilfelehrer

Beleg: Zeile(n) _____

e) *Warum kauft die Frau leichte Filterzigaretten?*

☐ Weil ihr Freund die am liebsten mag.

☐ Weil sie erst einmal eine Zigarette rauchen möchte, bevor sie ihren Freund trifft.

☐ Weil sie aufgrund einer Erkältung keine starken Zigaretten rauchen kann.

Beleg: Zeile(n) _____

3   *Welche der folgenden Aussagen sind richtig? Kreuze die richtige Antwort unten an.*

a) Die junge Frau hat Angst, weil sie von einem Mercedes-Fahrer angesprochen wird.

b) Trotz des schlechten Wetters ist die Hauptfigur zu Beginn der Erzählung gut gelaunt und fröhlich.

c) Während andere Leute schimpfen, lacht sie.

d) Die Erzählerin schimpft, als die Bahn bremst und eine dicke Frau auf sie fällt.

e) Vor einem Schaufenster macht sie sich die Haare zurecht.

f) Sie klingelt dreimal an der Wohnungstür.

☐ Alle Aussagen sind richtig.   ☐ b und f sind richtig.

☐ b, d, e und f sind richtig.   ☐ a, b, c und f sind richtig.

☐ b, c und e sind richtig.

4   *An welchen Stellen im Text wird das Folgende gesagt? Ergänze die entsprechenden Zeilenangaben.*

Aussage	Zeilenangabe
a) Der Regen ist bereits durch die Schuhe der Ich-Erzählerin gedrungen.	
b) Die Bahn ist überfüllt.	
c) Die Gedanken der Hauptfigur sind nur bei ihrem Freund.	
d) Die Hauptfigur wird fast von einem Auto angefahren.	

5   *Welche der drei Aussagen zur Erzählung „Sommerschnee" passt deiner Meinung nach am besten? Begründe in vollständigen Sätzen.*

a) „Der Text zeigt, dass zu einer glücklichen Beziehung immer zwei gehören."

b) „Der Text wirkt anziehend. Man kann mit der Hauptfigur mitfühlen und sich gut in sie hineinversetzen."

c) „In diesem Text wird sehr gut deutlich, wie stark unsere Wahrnehmung und unser Handeln von unserem Gefühlszustand bestimmt werden."

3. Die Charakterisierung

Info

Charakterisierung
Die Charakterisierung **beschreibt** eine Figur aus einem literarischen Werk **möglichst genau**. Dabei arbeitet man nah am Text und sucht nach wichtigen **Eigenschaften der Figur**, die durch ihr **Verhalten** deutlich werden.
Dabei sollte man auf folgende Punkte in dieser Reihenfolge eingehen:
• Allgemeine Angaben (Name, Geschlecht, Alter, Beruf ...)
• Lebensumstände (Familienverhältnisse, Position in einer Gruppe ...)
• Aussehen (körperliche Merkmale, Kleidung, besondere Auffälligkeiten)
• Verhalten
• Eigenschaften, Gefühle, Einstellungen
• Beurteilung der Figur

1 Wie wird die Hauptfigur im Text beschrieben? Belege die folgenden Aussagen mit passenden Textstellen.

Gefühle und Reaktionen der Hauptfigur	Zeilenangabe
Sie fühlt sich sicher, ihr kann nichts passieren.	
Sie verhält sich übermütig.	
Sie ist aufgeregt, ängstlich und fröhlich zugleich.	
Sie ist enttäuscht.	

2 Was erfährst du außerdem in der Erzählung „Sommerschnee" über die Hauptfigur? Lies die Erzählung noch einmal und markiere alle Informationen zum Aussehen und zum Charakter der Figur.

3 Trage die von dir markierten Textstellen in die linke Spalte der folgenden Tabelle ein und ergänze daneben, welche Schlussfolgerungen du aus diesen Angaben ziehst.

Textstelle	Zeilenangabe	Schlussfolgerung
„Mir ist alles so egal, ich fühle mich gut."	Zeile 1	Figur ist unbeschwert und glücklich, nichts kann sie aufregen.

Textstelle	Zeilenangabe	Schlussfolgerung

4 **a)** *Ordne die Informationen zur Hauptfigur in die folgende Mindmap ein. Notiere Stichpunkte.*

    b) *Welche Informationen zu der Figur kannst du noch ergänzen? Notiere.*

- *Figur ist erst unbeschwert und glücklich, dann ängstlich und unsicher*

5 *Was denkst du über die Hauptfigur? Kannst du ihr Verhalten verstehen? Begründe.*

4. Einen Schreibplan erstellen

1 *Ordne die folgenden Inhalte einer Charakterisierung den drei Textteilen Einleitung, Hauptteil und Schluss zu. Beachte dabei, dass man bei der Beschreibung von Personen oder literarischen Figuren zuerst auf äußere Merkmale und anschließend auf die Gefühle und Charaktereigenschaften eingehen sollte.*

> Beurteilung der Figur mit Begründung • Allgemeine Angaben zur Figur • Darstellung der Gefühle • Nennung von Titel, Autor, Textsorte und Thema (TATT) • Beschreibung körperlicher Merkmale • Ausgangssituation der Figur • Aussagen zum Charakter • Darstellung des Verhaltens • Beschreibung der Kleidung

Einleitung: _____

_____

_____

Hauptteil: _____

_____

_____

_____

_____

Schluss: _____

_____

2 *In welcher Reihenfolge solltest du in deiner Charakteristik auf die einzelnen Informationen in deiner Mindmap eingehen? Nummeriere die Informationen in deiner Mindmap auf Seite 55 in einer sinnvollen Reihenfolge. Bilde – wenn nötig – Unterpunkte (1 a, b, c …).*

5. Den Text schreiben

> **Info**
>
> **Ausformulieren deines Textes**
> - **Gliedere deinen Text sinnvoll.** Überlege dir genau, in welcher Reihenfolge du die einzelnen Punkte beschreibst. Der Leser soll mit seinem „inneren Auge" gut folgen können.
> - **Beschreibe möglichst anschaulich,** sodass der Leser sich die beschriebene Figur, den Gegenstand oder den Ablauf genau vorstellen kann.
> - **Formuliere sachlich.** Vermeide umgangssprachliche Wendungen.
> - **Verwende das Präsens.**

Tipp

Eine **Einleitung** kannst du mit folgenden **Formulierungen** beginnen:
In der … von … geht es um …
Die … von … handelt von …
Die … von … behandelt / thematisiert …

1 *Ergänze die folgende Einleitung.*

In der ______________ „______________ “

von ______________ geht es um

____

______________________________.

Wenn du eine literarische Figur charakterisierst, musst du deine Aussagen am Text belegen. Dazu kannst du Textstellen zitieren oder mit deinen eigenen Worten wiedergeben (paraphrasieren).

Info

Textstellen zitieren und paraphrasieren
- Zitate sind **wörtliche Übernahmen** aus einem Text. Sie müssen gekennzeichnet werden.
- Zitate stehen immer in Anführungszeichen.
- Zitate müssen genau sein. Sie dürfen in ihrem Wortlaut nicht verändert werden.
- Kürzungen oder Auslassungen werden durch drei Punkte in eckigen Klammern angezeigt: […]
- Am Ende des Zitats erfolgt eine Zeilenangabe in Klammern.

Beispiel: *Die Hauptperson denkt: „Mir ist alles so egal, ich fühle mich gut.“* (Z. 1)

Du kannst Textstellen auch **mit deinen eigenen Worten** wiedergeben (paraphrasieren).
Auch in diesem Fall musst du die Textstelle in Klammern angeben.
Beispiel: *Die Hauptperson denkt, dass ihr alles egal ist* (Z. 1)/*…, ihr sei alles egal* (Z. 1).

2 **a)** *Markiere in den zwei folgenden Beispielen A und B die Textstellen, mit denen Aussagen zur Hauptfigur belegt werden.*
- *Unterstreiche Zitate rot.*
- *Unterstreiche Paraphrasen grün.*

b) *Kreise Formulierungen ein, mit denen jeweils auf den Text verwiesen wird.*

Beispiel A

Im Text wird mehrfach deutlich, dass die junge Frau zwar glücklich, aber auch unsicher und nervös ist. In Zeile 13 heißt es: „An der Ampel merke ich, dass ich zu laut singe.“ Vermutlich singt sie vor Glück, aber es kann auch sein, dass sie sich auf diese Weise Mut machen will. Auch der Satz „An einem Schaufenster bleibe ich trotzdem stehen, zupfe an meinen Haaren herum […]“ (Z. 24–25) weist auf ihre Nervosität hin.

Beispiel B

Im Text wird gezeigt, dass die junge Frau einerseits glücklich, andererseits aber auch unsicher und nervös ist. So merkt sie selbst, dass sie an der Ampel zu laut singt (vgl. Z. 13). Man vermutet, dass sie vor Glück singt, vielleicht aber auch, um ihre Angst zu überspielen. In den Zeilen 24–25 wird weiterhin beschrieben, wie sie trotz der Eile am Schaufenster stehen bleibt, um noch einmal ihre Haare zu prüfen.

c) Formuliere aus den folgenden Textstellen und den zugehörigen Schlussfolgerungen Aussagen zur Hauptfigur. Zitiere oder paraphrasiere dabei die Textstellen.

Textstelle	Schlussfolgerung
1. „Mir ist alles so egal, ich fühle mich gut." (Zeile 1)	Figur ist unbeschwert und glücklich
2. „Die Leute fluchen, beschimpfen den Fahrer. Ich lache." (Zeile 9–10)	Figur nimmt Situation anders wahr als ihre Mitmenschen
3. „Ein wütender Autofahrer brüllt, ob ich Tomaten auf den Augen hätte." (Zeile 22–23)	Figur läuft vor ein Auto → ist unkonzentriert, passt nicht auf

Tipp

Formulierungshilfen
• Die Figur behauptet ...
• In Zeile ... liest man ...
• An diesem Satz / An dieser Textstelle erkennt man ...
• Der Satz ... zeigt / lässt erkennen ...
• Die Figur scheint ... zu sein, denn ...

3 a) Welche der folgenden Aussagen zur Hauptfigur würdest du für den Schlussteil deiner Charakterisierung wählen? Kreuze an.

A ☐
Das Verhalten der Hauptfigur ist meiner Ansicht nach von Angst geprägt.

B ☐
Das Verhalten und die Gefühle der Hauptfigur kann ich leicht nachvollziehen.

C ☐
Die Hauptfigur wirkt sehr unsicher.

b) Wie kannst du die oben gewählte Aussage zur Hauptfigur begründen? Schreibe zusammenhängende Sätze.

_____

_____

_____

_____

_____

_____

_____

4 Lies noch einmal die Schreibaufgabe auf Seite 49 und verfasse die vollständige Charakterisierung zur Hauptfigur in deinem Heft. Beachte dabei die Hinweise in den Merkkästen auf Seite 53 und 57.

6. Deine Meinung begründen

1 **a)** *Was fällt dir zum Titel „Sommerschnee" ein?*

b) *Passt der Titel deiner Meinung nach zur Kurzgeschichte? Begründe deine Meinung.*

Meiner Meinung nach passt der Titel / passt der Titel nicht, weil

_____

_____

_____

_____

2 *Passt der alternative Titel „Verlassen" zur Kurzgeschichte? Begründe deine Meinung.*

Meiner Meinung nach passt der alternative Titel / passt der alternative Titel nicht, weil

_____

_____

_____

_____

7. Den Text überarbeiten

1 *Überarbeite deine Analyse mithilfe der folgenden Checkliste.*

Checkliste

		ja	nein
1	Hat mein Text einen **klaren Aufbau** (Einleitung, Hauptteil, Schluss)?	☐	☐
2	Ist mein **Einleitungssatz** vollständig (Textsorte, Autor/-in, Titel, Thema)?	☐	☐
3	Habe ich das **Aussehen** der Figur und ihr **Verhalten** ausreichend beschrieben?	☐	☐
4	Habe ich **Eigenschaften und Gefühle** der Figur anschaulich dargestellt?	☐	☐
5	Habe ich mich auf den Text bezogen und richtig **zitiert und paraphrasiert**?	☐	☐
6	Habe ich im **Schlussteil** ein begründetes Urteil formuliert?	☐	☐
7	Habe ich den Text **sachlich und objektiv** formuliert?	☐	☐
8	Habe ich durchgängig die **Zeitform Präsens** verwendet?	☐	☐
9	Habe ich **abwechslungsreiche Wörter** verwendet und Wortwiederholungen vermieden?	☐	☐
10	Habe ich **Rechtschreibung, Grammatik** und **Zeichensetzung** geprüft?	☐	☐

Einen literarischen Text analysieren – Gedicht (Aufgabentyp 4a)

Den Aufgabentyp 4a kennen lernen

Eines der Wahlthemen im Zweiten Prüfungsteil könnte eine **Aufgabe vom Typ 4a** sein. Diese erfordert, dass du **einen literarischen Text liest, verstehst** und ihn hinsichtlich der Aufgabenstellung **analysierst**. Dazu bekommst du einen Text (Romanauszug, Kurzgeschichte oder Gedicht), mit dem du auf der inhaltlichen und analytischen Ebene arbeiten sollst. Diese Arbeit besteht aus der Anfertigung einer vollständigen Analyse, bestehend aus den drei Teilen Einleitung, Hauptteil und Schluss.

Eine Prüfungsaufgabe angeleitet erarbeiten

Folgendermaßen könnte die Aufgabenstellung lauten:

Analysiere das Gedicht „Sachliche Romanze" von Erich Kästner.

Gehe dabei so vor:
- *Schreibe eine Einleitung, in der du Titel, Autor, Textart und das Thema formulierst. Benenne hier auch die äußere Form des Gedichts.*
- *Fasse den Inhalt des Gedichts kurz zusammen.*
- *Stelle die Beziehung des Paares dar. Gehe hier besonders auf die sprachliche Gestaltung ein.*
- *Erläutere den Titel des Gedichts. Berücksichtige dabei die inhaltlichen und sprachlichen Elemente.*
- *Eine Mitschülerin kommentiert die Frau in dem Gedicht mit: „Ich finde es total feige, dass die Frau nichts sagt. Ich würde doch über meine Gefühle sprechen." Setze dich mit der Aussage auseinander und überlege, ob du ihre Einschätzungen teilst. Begründe deine Meinung und beziehe dich auf den Text.*

Sachliche Romanze   *Erich Kästner (1920)*

Als sie einander acht Jahre kannten
(und man darf sagen: sie kannten sich gut),
kam ihre Liebe plötzlich abhanden.
Wie andern Leuten ein Stock oder Hut.

5 Sie waren traurig, betrugen sich heiter,
versuchten Küsse, als ob nichts sei,
und sahen sich an und wussten nicht weiter.
Da weinte sie schließlich. Und er stand dabei.

Vom Fenster aus konnte man Schiffen winken.
10 Er sagte, es wäre schon Viertel nach vier
und Zeit, irgendwo Kaffee zu trinken.
Nebenan übte ein Mensch Klavier.

Sie gingen ins kleinste Café am Ort
und rührten in ihren Tassen.
15 Am Abend saßen sie immer noch dort.
Sie saßen allein und sie sprachen kein Wort
und konnten es einfach nicht fassen.

1. Sich in der Aufgabe orientieren

Um genau zu wissen, was bei der Lösung der Aufgabe von dir erwartet wird, solltest du die Aufgabe sehr gründlich lesen. Es ist wichtig, dass du die Aufgabe schrittweise bearbeitest, da die Analyseschritte aufeinander aufbauen.

1 *Lies nun die Aufgabe sorgfältig durch und markiere die Schlüsselwörter in der Aufgabenstellung.*

2. Den Text lesen und verstehen

1 *Lies das Gedicht. Was fällt dir auf? Notiere deine ersten Leseeindrücke in Stichpunkten neben das Gedicht.*

2 *Lies das Gedicht ein zweites Mal. Mache dir Stichpunkte zu Inhalt und Sprache.*

Inhalt:

_____

_____

Sprache:

_____

_____

3 *Welche der folgenden Aussagen erfasst das Thema des Gedichts am besten? Kreuze an.*

a) ☐ Das Gedicht thematisiert die guten und schlechten Zeiten einer Beziehung.

b) ☐ In dem Gedicht geht es um einen Seitensprung.

c) ☐ Das Gedicht handelt von einer gescheiterten Beziehung.

d) ☐ In dem Gedicht steht das Thema „Vertrauen" im Mittelpunkt.

4 *Kreuze an, ob die Aussagen richtig oder falsch sind.*

Die Figuren ...

	richtig	falsch
a) ... sind frisch verliebt.	☐	☐
b) ... gehen oft miteinander aus.	☐	☐
c) ... haben sich nicht viel zu sagen.	☐	☐
d) ... halten sich für glücklich.	☐	☐
e) ... sind schon länger zusammen.	☐	☐
f) ... treffen sich eher zufällig.	☐	☐
g) ... verbringen einen schönen Nach- mittag/Abend miteinander.	☐	☐

5 *Überprüfe dein Wissen. Ordne den folgenden inhaltlichen Aspekten die entsprechende Strophe durch Pfeile zu.*

1. Strophe	Das Paar versucht die Situation zu überspielen.
2. Strophe	Beide können den Zustand ihrer Beziehung nicht fassen.
3. Strophe	Nach acht Jahren Beziehung ist die Liebe nicht mehr da.
4. Strophe	Das Leben geht trotz der schwierigen Umstände weiter.

3. Die Einleitung formulieren

1 *Fülle die Tabelle mit den vorhandenen Informationen aus.*

Angaben zum Gedicht	
Titel	
Autor	
Jahr	
Textart	
Thema	
Äußere Form	
Anzahl der Strophen	
Anzahl der Verse	
Auffälligkeit	
Reimschema	

2 *Schreibe eine Einleitung, in der du den Titel, den Autor, das Thema und die Textart nennst. Gehe hier auch auf die äußere Form des Gedichts ein.*

_____

_____

_____

_____

_____

3 *Fasse den Text in deinem Heft kurz zusammen. Nutze dazu die Ergebnisse aus den vorherigen Aufgaben.*

4. Den Hauptteil formulieren

1 *Lies den Merkkasten und überlege, ob die Definition aus dem Wikipedia-Internetlexikon auf das vorliegende Gedicht zutrifft. Begründe deine Meinung.*

● ● ●

Gebrauchslyrik
Gedichte, die zum Nutzen („zum Gebrauch") der Leser geschrieben wurden. Oftmals befassen sie sich mit Problemen ihrer Zeit, auf die sie den Leser deutlich aufmerksam machen wollen. Die Aussage ist daher klar verständlich formuliert [...], sodass die Gedichte sehr zugänglich sind.

2 *Setze die Infos aus dem Merkkasten in Beziehung zur formalen Gestaltung des Gedichts. Untersuche die sprachlichen Mittel und das Reimschema und stelle einen Bezug zum Inhalt her.*

In diesem Gedicht gibt es _____

_____

_____

_____

Das Reimschema _____

_____

_____

_____

3 *Was erfährst du über die Beziehung der beiden? Vervollständige die Versangaben und ergänze stichpunktartig.*

Länge der Beziehung	Vers _____:
Intensität der Beziehung	Vers _____:
Problem	Vers _____:

Umgang mit dem Problem (I)	Vers _____ :
Gewohnheit der beiden	Vers _____ :
Umgang mit dem Problem (II)	Vers _____ :

4 *Wie wirkt diese Beziehung auf dich? Begründe deinen Eindruck mit der Sprache des Gedichts (Satzbau, Wortarten, Wortwahl, Konjunktion „und").*

_____

_____

_____

_____

_____

5 *Beschäftige dich mit dem Titel des Gedichts „Sachliche Romanze".*

a) *Untersuche die Begriffe „sachlich" und „Romanze". Lies zunächst die Definitionen aus dem Duden-Wörterbuch.*

Definition „sachlich" laut Duden:
1) nur von der Sache selbst, nicht von Gefühlen oder Vorurteilen bestimmt; nur auf die Sache, auf den infrage stehenden Sach-zusammenhang bezogen; objektiv
2) in der Sache begründet; von der Sache her
3) ohne Verzierungen oder Schnörkel; durch Zweckgebundenheit gekennzeichnet

Definition „Romanze" laut Duden:
1) volksliedhaftes episches Gedicht mit balladenhaften Zügen, das von Helden-taten und Liebesabenteuern erzählt
2) (Musik) liedhaftes, ausdrucksvolles Instrumental- oder Vokalstück
3) episodenhaftes Liebesverhältnis (das durch die äußeren Umstände als besonders romantisch erscheint)

b) *Markiere im Gedicht passende Elemente zum Thema „Romanze" rot und Passendes zum Thema „sachlich" blau (inhaltlich und sprachlich).*

c) *Beantworte die folgenden Fragen:*

Wodurch wirkt das Gedicht besonders „sachlich"? Beachte besonders den Aufbau der Verse 8 und 16.

_____

_____

_____

_____

_____

_____

Warum ist das Gedicht trotzdem eine Romanze? Stelle dir hier besonders die jetzige Situation der beiden vor und wie sie einmal war.

_____

_____

_____

_____

_____

_____

6 *Der Titel des Gedichts enthält ein Oxymoron (zwei sich wider-sprechende Begriffe bilden eine Einheit). Erkläre, warum es sich hier um ein Oxymoron handelt und warum Kästner es verwendet.*

> **Tipp**
>
> Infos zu Stilmitteln findest du auf der hinteren inneren Umschlagseite des Heftes.

_____

_____

_____

_____

_____

_____

5. Den Schluss formulieren

1 *Lässt sich aus dem Text herauslesen, ob sich die Gefühlslage der Frau und die des Mannes unterscheiden und welche Position die Frau bzw. der Mann in der Beziehung hat?*

Kommentiere die Verse.

a) „Sie waren traurig, betrugen sich heiter,
versuchten Küsse, als ob nichts sei," (V. 5–6)

_____

_____

b) „Da weinte sie schließlich. Und er stand dabei." (V. 8)

_____

_____

c) „Er sagte, es wäre schon Viertel nach vier
und Zeit, irgendwo Kaffee zu trinken." (V. 10–11)

_____

_____

_____

2 *Wie würdest du dich in den folgenden Situationen fühlen? Ergänze die Sätze.*

a) Wenn ich weine, dann ...

_____

_____

b) Wenn ich mich an etwas gewöhnt habe, dann ...

_____

_____

c) Wenn mir etwas sehr wichtig ist, dann ...

_____

_____

3 *Schreibe den Schluss (Kommentar zum Verhalten der Frau) in dein Heft. Nutze die Ergebnisse der Aufgaben 1 und 2 für die Begründung deiner Meinung.*

6. Den Text überarbeiten

1 *Überarbeite deine Analyse.*

- *Unterstreiche alle Satzanfänge und prüfe,*
  ob es Wiederholungen gibt.
  Wenn ja, dann stelle die Sätze um oder verbinde sie.
- *Markiere alle Verben und überprüfe die Zeitform.*
- *Unterstreiche Wörter, bei deren Schreibung du unsicher*
  warst. Schlage diese Wörter im Wörterbuch nach.
- *Prüfe in deinem Text noch einmal alle in*
  der Checkliste angegebenen Punkte.

Checkliste

		ja	nein
1	Hat mein Text einen **klaren Aufbau** (Einleitung, Hauptteil, Schluss)?	☐	☐
2	Ist mein **Einleitungssatz** vollständig (Textsorte, Autor/-in, Titel, Thema)?	☐	☐
3	Habe ich die **Beziehung** zwischen dem Paar genau dargestellt?	☐	☐
4	Habe ich den **Titel** des Gedichts erläutert?	☐	☐
5	Habe ich mich auf den **Text** bezogen?	☐	☐
6	Habe ich die **äußere Form** und **sprachliche Mittel** mit einbezogen?	☐	☐
7	Habe ich im **Schlussteil** eine begründete Meinung formuliert?	☐	☐
8	Habe ich den Text **sachlich** und **objektiv** formuliert?	☐	☐
9	Habe ich durchgängig die **Zeitform Präsens** verwendet?	☐	☐
10	Habe ich **abwechslungsreiche Wörter** verwendet und Wortwiederholungen vermieden?	☐	☐
11	Habe ich **Rechtschreibung**, **Grammatik** und **Zeichensetzung** geprüft?	☐	☐

Prüfungsbeispiele

Zum Ersten Prüfungsteil

Prüfungsbeispiel: Leseverstehen

Hinweis: Den Teil zum Leseverstehen muss jede Schülerin / jeder Schüler bearbeiten.

Selbstbewusstsein aus dem Tiegel – Studie: Jugendliche wollen vor allem so aussehen wie die anderen, um sich sicher zu fühlen

(1) *„Jugend ungeschminkt" als Titel einer Studie, die im Auftrag der Kosmetikindustrie den Zusammenhang von Selbstwert und Körperpflege beleuchtet, ist das nicht gewagt?*

5 „Ungeschminkt" hat eine doppelte Bedeutung und nimmt auf unsere tiefenpsychologische Methode[1] Bezug. In Einzelgesprächen und Gruppendiskussionen sind unsere Psychologen so nah an die teilnehmenden Jugendlichen her-
10 angekommen, dass sie sich öffneten und über Themen sprachen, zu denen sie sich sonst gar nicht oder nur schwerlich äußern – wie sie die Pubertät erleben etwa, die damit verbundenen Gefühlsschwankungen, die aufkeimende Sexu-
15 alität.

(2) *Darüber lieber zu schweigen ist ein typisches Phänomen der Pubertät, würde man meinen.*

Auffällig war, dass ein Gros[2] der Teilnehmer sehr emotional, offen und versiert[3] über die x-te
20 Trennung eines Elternteils oder ständig wechselnde Stiefgeschwister sprach – doch das, was mit ihnen selbst passiert, in ihnen brodelt[4], darüber konnten sie erst einmal nicht reden. Kurz: Sie sprechen lieber über ihre zerrütteten Familien-
25 verhältnisse als darüber, dass sie neuerdings so schlimm schwitzen und komische Träume haben. Sie scheinen sich zu diesem Thema wesentlich weniger auszutauschen als Generationen zuvor – was doch sehr überrascht im Fall einer
30 vermeintlich überaufgeklärten Jugend, die permanent und überall, vor allem im Netz, mit dem Thema konfrontiert wird.

(3) *Es gibt so viele Jugendstudien. Wozu braucht es noch eine?*

Viele Studien beschäftigen sich mit den 35
Vorlieben und Gewohnheiten. Unser Forschungsschwerpunkt lag nicht auf der Frage, welche Werte Jugendliche haben, sondern warum. Wie entwickeln sie diese – in einer turbulenten[5] Phase, die geprägt ist von dreifachem 40
Kontrollverlust: körperlich – wenn die Hormone sie überwältigen; familiär – wenn Patchwork[6]-Verhältnisse zur Normalität werden, alles möglich, nichts mehr sicher ist; gesellschaftlich – wenn sie in einer von Krisen dominierten Welt 45
aufwachsen. Wie entwickeln sie trotz aller Brüche Selbstbewusstsein und Selbstsicherheit?

---

1 tiefenpsychologische Methode: eine Methode, die
   die unbewussten seelischen Vorgänge untersucht
2 das Gros: die Mehrheit
3 versiert: kenntnisreich
4 brodelt: sich zusammenbraut, rumort

---

5 turbulent: stürmisch, hektisch, chaotisch
6 das Patchwork (engl.): „Flickwerk", Bezeichnung für eine
   Familie, die neu zusammengesetzt ist

(4) *Jetzt sagen Sie bitte nicht: mithilfe von Make-up und Kajal[7]!*

Tatsächlich geben 77 Prozent der Jugendlichen an, dass sie vor allem Sicherheit und Stabilität in ihrem Leben suchen, 85 Prozent sagen: „Körper- und Schönheitspflege helfen mir dabei." Mehr als 80 Prozent legen Wert auf ein gepflegtes Äußeres – vor zehn Jahren waren das in der Altersgruppe der 14- bis 21-Jährigen noch 40 Prozent. Sicher spielen auch andere Faktoren eine Rolle, aber Kosmetik scheint ein wichtiges Hilfsmittel zu sein, eine Krücke, um Kontrolle über das Leben zurückzugewinnen, Sicherheit zu erhalten.

(5) *Soweit ich mich erinnere, habe ich mich in besagter Phase geschminkt, um meine Eltern zu schocken, wahlweise auch um reifer zu wirken.*

Heute geht es darum, nicht aus der Masse zu fallen – 64 Prozent der Befragten gaben an, Kosmetik zu verwenden, um nicht negativ aufzufallen – dazuzugehören und „nett" zu wirken. Bitte keine Gefühlsschwankungen oder andere Ausschläge, das würde Kontrollverlust bedeuten. In diesem Zusammenhang auch spannend: 60 Prozent meinen, dass man am Aussehen ablesen kann, um welchen Menschen es sich handelt.

(6) *Das klingt, vorsichtig gesagt, erschreckend oberflächlich – und auch ein bisschen narzisstisch[8].*

Ich möchte das gar nicht werten. Provokant[9] gesagt, ist es doch besser, Jugendliche finden im Äußeren inneren Halt als in Drogen.

(7) *Zurück zur Funktion des Schminkens – um damit beim anderen Geschlecht Eindruck zu schinden, spielt keine Rolle mehr?*

Teenager schminken sich nicht, um erotisch zu wirken, sondern für sich selbst – das beweist ein weiteres Ergebnis: Freundschaft ist 52 Prozent wichtiger als eine Liebesbeziehung, denn die kann in die Brüche gehen. Eher lässt man sich den Namen der Stiefschwester oder der Heimatstadt auf den Arm tätowieren als den des Geliebten.

(8) *Wer entscheidet denn, was gutes Aussehen ist – und was nicht?*

Die sozialen Medien! In Tutorials, also Anleitungsvideos, lernt die Jugend, wie sie sich perfekt schminkt, das heißt: so wie die Promis. Es geht dabei aber nicht mehr ums Anhimmeln oder eine Vorbildfunktion, sondern darum, sich rein technisch abzuschauen, wie man vermeintlich perfekt aussieht, nämlich so wie die anderen.

Das Gespräch führte Caroline Kron mit der Diplom-Psychologin Ines Imdahl (Leiterin der „Jugend-ungeschminkt"-Studie und Geschäftsführerin von „Rheingold Salon" in Köln).

---

7 das Kajal: kosmetisches Mittel, das als Lidstrich aufgetragen wird

8 narzisstisch: übertrieben selbstverliebt

9 provokant: herausfordernd, zugespitzt

„Jugend ungeschminkt"

Die Studie zum Selbstbild und Selbstwert von Jugendlichen vom Kölner Marktforschungsinstitut „Rheingold Salon" wurde vom Industrieverband Körperpflege- und Waschmittel e.V. (IKW) in Auftrag gegeben.

Methode: Für einen Teil der Studie wurden 38 Jugendliche zwischen 14 und 21 Jahren in Gruppen- und Einzelgesprächen tiefenpsychologisch interviewt. Anschließend nahmen 1012 Gleichaltrige an einer repräsentativen, produktunabhängigen Online-Umfrage teil.

Wichtigste Ergebnisse: Jugendliche investieren mehr in ihr Aussehen als früher. 73 Prozent sagen: „Körper-, Schönheitspflege ist sehr wichtig in meinem Leben"; 85 Prozent nutzen Kosmetik- und Pflegeprodukte, um sich sicherer zu fühlen und ihren Selbstwert zu schützen; Jungen helfen dabei vor allem Haarstyling-Produkte (45 %), Mädchen Mascara (67 %).

1 *Kreuze die richtige Antwort an.*

Wer ist der Auftraggeber der Studie?

a) ☐ Kölner Stadtanzeiger

b) ☐ Bundeszentrale für gesundheitliche Aufklärung (BZgA)

c) ☐ Bundesministerium für Familie, Senioren, Frauen und Jugend

d) ☐ Kosmetikindustrie

2 *Kreuze die richtige Antwort an.*

Für die Studie wurden interviewt ...?

a) ☐ Lehrerinnen und Lehrer

b) ☐ Jugendliche

c) ☐ Verkäuferinnen in Drogeriemärkten

d) ☐ Psychologinnen und Psychologen

3 *Kreuze die richtige Antwort an.*

Es wurde folgende Methode benutzt:

a) ☐ Analyse von Facebook-Postings

b) ☐ Straßenbefragung

c) ☐ Einzelgespräche und Gruppendiskussion

d) ☐ Auswertung von Tagebüchern

4 *Im Text ist vom Kontrollverlust die Rede, den die Jugendlichen erleiden. Benenne die Ursachen, die die Studie hierfür nennt (Abschnitt 3).*

a) _____

b) _____

c) _____

5 *Kreuze die richtige Antwort an.*
Welchen Wert hat das Äußere bei jungen Menschen? (Abschnitt 4)

a) ☐ Modernen Jugendlichen ist das Äußere eher unwichtig.

b) ☐ In dieser Frage gibt es keinen Unterschied zwischen früher und heute.

c) ☐ Heute ist das Äußere doppelt so vielen Jugendlichen wichtig wie vor 10 Jahren.

d) ☐ Eltern müssen ihre Kinder immer wieder ermahnen, mehr auf sich zu achten.

6 *Kreuze die richtige Antwort an.*

Jugendliche erleben Unsicherheit … (Abschnitt 4)

a) ☐ durch häufige Lehrerwechsel.

b) ☐ durch zerrüttete Familienverhältnisse.

c) ☐ durch den zunehmenden Straßenverkehr.

d) ☐ durch die Verschärfung der Prüfungsordnungen.

7 *Kreuze die richtige Antwort an.*

Kosmetik wird laut der Studie hauptsächlich benutzt, … (Abschnitt 5).

a) ☐ um nicht negativ aufzufallen.

b) ☐ um erwachsener zu wirken.

c) ☐ um die Eltern zu schocken.

d) ☐ um beim anderen Geschlecht Eindruck zu machen.

8 *Kreuze die richtige Antwort an. Wie hoch ist in dieser Studie der Anteil der Befragten, die der Ansicht sind, dass man am Äußeren ablesen kann, um welchen Menschen es sich handelt? (Abschnitt 5)*

a) ☐ 10 %

b) ☐ 30 %

c) ☐ 60 %

d) ☐ 75 %

9 *Untersuche die folgende Passage aus dem Interview:*

„60 Prozent meinen, dass man am Aussehen ablesen kann, um welchen Menschen es sich handelt."

„Das klingt, vorsichtig gesagt, erschreckend oberflächlich […]."

„Ich möchte das gar nicht werten […]."

Stelle Vermutungen darüber an, warum die Wissenschaftlerin in dieser Frage nicht werten möchte. Berücksichtige dabei, wer die Studie in Auftrag gegeben hat.

_____

_____

_____

_____

_____

_____

10 *Im Text sagt die Leiterin der Studie:*

„Teenager schminken sich nicht, um erotisch zu wirken, sondern für sich selbst" (Z. 82–83).

Du kannst dieser Meinung zustimmen oder nicht. Wichtig ist, dass du deine Meinung begründest und dich auf weitere Textaussagen beziehst.

Zum Zweiten Prüfungsteil

Hinweis: Im Zweiten Prüfungsteil musst du aus verschiedenen Aufgaben eine auswählen und diese bearbeiten.

Prüfungsbeispiel: Einen informierenden Text verfassen (Aufgabentyp 2)

Du hast während der Projektwoche „Was kommt nach der zehnten Klasse?" in der Gruppe „Auslandsaufenthalt" mitgearbeitet. Ihr habt Material gesammelt …
- zur Wichtigkeit der Erfahrungen, die bei einem Auslandsaufenthalt gemacht werden können,
- zu den verschiedenen Formen, in denen der Kontakt mit dem „Fremden" möglich ist, und
- zur Frage, wie Schülerinnen und Schüler selbst zur Finanzierung beitragen können.

Die Ergebnisse der einzelnen Arbeitsgruppen sollen im Rahmen einer Ausstellung den Mitschülerinnen und Mitschülern sowie deren Eltern vorgestellt werden. Deine Arbeitsgruppe hat sich entschieden, die Ergebnisse nicht nur auf Plakaten darzustellen, sondern zusätzlich in einer kleinen Broschüre zusammenzufassen, die die Besucher mit nach Hause nehmen können. Du hast dich bereit erklärt, einen Vorschlag für den Text zu verfassen.

Gehe dabei so vor:
- *Formuliere eine passende Überschrift.*
- *Verfasse eine Einleitung, in der du dein Vorgehen und die Gliederung der Informationsbroschüre beschreibst.*
- *Stelle im Hauptteil die wichtigsten Argumente für einen Auslandsaufenthalt zusammen.*
- *Gib einen Überblick über die verschiedenen Möglichkeiten in diesem Bereich (berücksichtige dabei das Alter der Beteiligten, die Dauer des Aufenthaltes und die voraussichtlichen Kosten).*
- *Stelle die deiner Ansicht nach aussichtsreichsten Finanzierungsmöglichkeiten vor.*
- *Schließe mit einem Appell, mit dem du noch einmal Bezug auf die Bedeutung von Auslandserfahrungen nimmst.*
- *Notiere unterhalb des Textes die Nummern der von dir genutzten Materialien.*

Um deinen Text schreiben zu können, bekommst du eine Materialsammlung (M1 – M5). Lies zunächst die Materialien, bevor du die Aufgaben bearbeitest. Achte auf eine eigenständige Darstellung in einem zusammenhängenden Text.

M 1 10 Gründe, die euch zeigen, warum sich ein Auslandsjahr lohnt *Besart Bajrami*

1. Den Horizont erweitern

Rauskommen, etwas anderes sehen und das Leben in einem fremden Land kennenlernen. […] Mehr Selbstbewusstsein, Kontaktfreu-
5 digkeit und Offenheit sind häufig die Folge und bewirken eine positive Erweiterung des eigenen Horizonts.

2. Sprachkenntnisse verbessern

Durch das Leben in einem anderen Land be-
10 kommt man einen ganz anderen Kontakt zur Sprache, als wenn man dort nur ein paar Wochen Urlaub macht. In einer Fremdsprache zu studieren oder zu arbeiten schafft eine tiefere Auseinandersetzung mit einer Sprache und der
15 tägliche Umgang mit ihr ermöglicht ein automatisches Lernen. […]

3. Internationale Kontakte knüpfen

Durch das Arbeits-, Schul- oder Studienumfeld während eines Auslandsjahrs kann der Kontakt zu anderen Menschen leicht hergestellt 20 werden. […] Auch entstehen neben möglichen beruflichen Kontakten neue Freundschaften, die auch nach Jahren noch Bestand haben können und gepflegt werden.

4. Inspiration gewinnen

Während eines Auslandsjahrs gewinnt 25 man viele neue Einflüsse und lernt sich selbst besser kennen. Die Zukunft […] kann nach einem Auslandsjahr völlig anders aussehen als ursprünglich gedacht. […] 30

5. Den Lebenslauf aufpolieren

Auf dem Lebenslauf macht sich ein Auslandsjahr sehr gut. Es spricht für internationale Kompetenz, Mut und Selbstständigkeit und kommt bei Personalern in der Regel gut an. […] 35

6. In eine fremde Kultur eintauchen

Ein Urlaub gibt spannende Einblicke in ein fremdes Land, ist aber meist zu kurz, um Land und Leute wirklich kennenzulernen. 12 Monate ermöglichen das intensive Kennenlernen und Auseinandersetzen mit einer fremden Kultur. [...]

7. Ein zweites Zuhause finden

Eine andere Stadt oder ein anderes Land kann einem so sehr ans Herz wachsen, dass man auch nach dem Auslandsjahr immer wieder dorthin zurückkehrt. [...]

8. Ängste überwinden

Alleine durch die Gassen einer fremden Stadt laufen? Ohne Sprachkenntnisse einkaufen gehen? Fremd und allein in einem anderen Land ankommen, ohne jemanden zu kennen oder jemals dort gewesen zu sein? All diese Aspekte wirken zunächst abschreckend oder beängstigend. Nimmt man sie aber an, durchlebt sie und merkt, dass es funktioniert, wächst man dadurch und wird stärker und mutiger.

9. Ein Bild von Deutschland im Ausland vermitteln

Wer für ein Jahr ins Ausland geht, fungiert in gewisser Weise auch als Botschafter seines Heimatlandes. [...] Wer also für ein Jahr ins Ausland geht, kann das Bild, das andere Länder über Deutsche und Deutschland haben, aktiv mitgestalten.

10. Vermissen lernen

Heimweh und Familie und Freunde zu vermissen gehört während eines Auslandsjahrs dazu. Auch wenn es manchmal hart sein kann und das Heimweh einem die Laune an der Erfahrung zwischenzeitlich vermiesen kann – wer durchhält, wird daran wachsen und mit neuer Stärke belohnt werden!

(http://www.huffingtonpost.de/besart-bajrami/10-gruende-die-fuer-ein-auslands-jahr_b_9216320.html?utm_hp_ref=germany)

M 2 Auslandsjahr als Real- oder Hauptschüler   *Sven Kreutz und Peter Scharpfenecker*

Für ein Jahr in einem anderen Land zu leben, dort die Schule zu besuchen und Sprache, Kultur und Menschen kennenzulernen – von einem Schüleraustausch träumen viele Schüler. Gerade Gymnasiasten können sich diesen Traum oft verwirklichen. Aber auch Real- und Hauptschüler haben die Möglichkeit, ins Ausland zu gehen. Leider stellen sie laut dem AJA bisher nur drei bis fünf Prozent der Austauschschüler, obwohl sich über die Hälfte der Realschüler vorstellen kann, an einem Austauschprogramm teilzunehmen.

Ein Grund für ihre Zaghaftigkeit ist, dass die Schüler ihre Noten und damit auch ihre Chancen auf einen Platz für zu schlecht halten. Damit stehen sie sich aber nur selbst im Weg. Natürlich prüfen die Austauschorganisationen auch die Noten – genauso wichtig sind aber Motivation, Offenheit und Anpassungsbereitschaft der Bewerber. Sogar schlechte Englischkenntnisse sind kein Problem. Schließlich werden für Länder mit exotischen Sprachen gar keine sprachlichen Grundlagen erwartet, sondern erst zu Beginn des Programms in einem Sprachkurs vermittelt.

Für wirklich motivierte Schüler sollte also die besuchte Schule kein Hindernis darstellen. Allerdings sollten sie früh genug mit den Planungen beginnen. Am besten setzt sich der Jugendliche schon ein Jahr vor dem geplanten Start mit Eltern, Lehrern und der Schulleitung auseinander, um unter anderem den geeigneten Zeitpunkt für den Austausch zu bestimmen.

Hier gibt es verschiedene Möglichkeiten, die von der Schule, dem Bundesland, den Fähigkeiten des Schülers und seinen Vorstellungen abhängen. Eine Option ist, während der zehnten Klasse ein Austauschjahr einzuschieben. Allerdings muss der Schüler nach seiner Rückkehr dann die Klasse wiederholen, um die Mittlere Reife zu erwerben. Alternativ kann er auch erst nach seinem Schulabschluss ins Ausland gehen, beispielsweise vor seinem Übertritt in die weiterführende Schule. In manchen Bundesländern wird ein solches Auslandsjahr auch schon als Qualifikation für die Oberstufe anerkannt, sodass das Schuljahr nicht wiederholt werden muss.

(http://www.schueleraustausch-abc.de/ 20091018/auslandsjahr-als-real-oder-hauptschueler)

M 3 Ein anderes Bild von Amerika *Elisabeth Binder*

Was sonst nur Gymnasiasten vorbehalten ist, durften jetzt auch Hauptschüler erleben: zwei Wochen in einer Gastfamilie in Amerika. Tempelhofer Hauptschüler, darunter etliche Muslime, revidierten ihre Amerika-Vorurteile auf einer außergewöhnlichen Reise. [...]

Die Vorurteile der Schülerinnen und Schüler gegenüber den USA ähnelten sich: „Ich habe geglaubt, dass Amerikaner ganz unfreundlich sind und dass alles dort sehr streng ist", sagt Kadir. Der 16-Jährige ist seit drei Jahren in Deutschland, und Englisch ist nach Kurdisch, Türkisch und Deutsch seine vierte Sprache. Ähnliche Erwartungen hatte auch Mateusz. Der 17-Jährige ist vor zwei Jahren aus Polen nach Deutschland gekommen. [...]

Auch die 16-jährige Julia hatte Ängste, bevor es losging: „Ich dachte, dass die Amerikaner sehr arrogant sind. Wir hatten alle Angst, wollten gar nicht raus aus dem Bus. Am Ende haben wir beim Abschied alle geweint und wollten uns von unseren Gasteltern und den Geschwistern gar nicht mehr trennen, weil sie so herzlich und freundlich waren."

„Windows on America" heißt das Programm, das gerade nicht für die üblicherweise vielfältig geförderten Gymnasiasten entworfen wurde, sondern für Hauptschüler, für die ein Auslandsaufenthalt oft schon aus finanziellen Gründen unerreichbar ist. Das Programm hat die Frau des US-Botschafters, Sue Timken, erfunden. Es richtet sich an Jugendliche mit Migrationshintergrund, aber auch deutsche Schüler wie Julia sind dabei. Die Mitarbeiterinnen von „Das Experiment", die als deutsche Partner einer in Washington ansässigen Austauschorganisation für das Programm zuständig waren, berichteten von dem Erfolg der Reise.

„Für diese Jugendlichen ist das wirklich eine besondere Erfahrung. Viele könnten sich so eine Reise sonst nie leisten. Sie waren ja auch nicht, wie viele Gymnasiasten, schon überall mit ihren Eltern im Urlaub", erzählt Geschäftsführerin Bettina Wiedmann. [...]

„Wir wollten, dass die Jugendlichen, die sonst nicht an Austauschprogrammen teilnehmen können, sehen, wie die Menschen in den USA leben", sagte US-Botschafter William Timken bei der Begrüßung der Runde. Der USA-Trip hat neben der Verbesserung der Englischkenntnisse vor allem einen Effekt gehabt: „Ich bin selbstbewusster geworden und viel aktiver", sagt Marian, die aus Ghana nach Deutschland gekommen ist, sagen aber auch Mehmet und Mahmoud. Die Erfahrung, Englisch sprechen zu können, wenn es denn nicht anders geht, in einer völlig fremden Umgebung klarzukommen und sich mit Menschen anzufreunden, von denen man zu Unrecht angenommen hatte, dass sie unfreundlich und überheblich seien, ist der größte Lernerfolg dieses Programms. Sie habe es auch besonders beeindruckend gefunden, wie zielstrebig US-Schüler arbeiten, sagt Julia, die einmal Krankenschwester werden möchte. Das wolle sie nachahmen. [...]

Der Verein „Windows on America" soll nun sichern, dass das Programm unabhängig vom jeweils amtierenden Botschafter weitergeführt wird, um noch vielen Hauptschülern die Gelegenheit zu dieser einzigartigen Erfahrung zu geben. Dies war bereits die fünfte Gruppe, die in den vergangenen Jahren eine solche Reise machen konnte.

(http://www.tagesspiegel.de/berlin/schule/ schueleraustausch-fuer-hauptschueler-ein-anderes-bild-von-amerika/1247198.html)

M 4   Familienaustausch als Kulturbrücke   *Kathrin Erdmann*

In Hamburg leben Menschen aus mehr als 180 Nationen; doch statt miteinander leben sie oft nebeneinanderher, wissen wenig über „die anderen". Der Verein „Kulturbrücke" möchte das mit dem Pilotprojekt „Switch" ändern.

Im Rahmen des Projekts werden Kinder beispielsweise in den Ferien sozusagen auf „Weltreise" geschickt. In kleinen Gruppen verbringen mehrere Kinder unterschiedlicher Herkunft gemeinsam den Tag in einer bisher fremden Familie. Dort sollen sie andere Sitten und Gebräuche kennenlernen.

Die Idee zu diesem ungewöhnlichen Projekt stammt von Hourvash Pourkian. Die gebürtige Iranerin setzt sich mit ihrem Verein „Kulturbrücke" seit Jahren für die Völkerverständigung ein. Was sie dennoch immer wieder wurmte: Obwohl die Deutschen ein reisefreudiges Volk seien, öffneten sie sich Zuhause kaum anderen Kulturen. [...]

Pourkian schrieb zunächst drei Hamburger Schulen an und fand so 18 Familien aus 11 Ländern. Zu ihrer eigenen Überraschung hatten sich so viele deutsche Eltern mit Kindern gemeldet, dass sie einige bis auf den Sommer zum Hauptprojekt vertrösten musste. Erst dann gibt es genug Gastfamilien für alle Neun- bis Zwölfjährigen für die Weltreise in der eigenen Stadt. Maximal vier Nationalitäten bilden jeweils eine Gruppe. Sie werden also vier Tage lang jeweils in ein anderes Land „reisen". Ein zentrales Kriterium: Sie sollen gemeinsam essen.

Paula und Finja aus Deutschland und Eleana aus Griechenland beginnen ihre Reise „in Südkorea" bei Lisa-Julie Woo. Die Neunjährige ist zwar in Hamburg geboren, ihre Eltern stammen jedoch aus Südkorea. Wie alle Teilnehmer beim Switch-Projekt kannten sich die vier Mädchen vorher nicht. Doch das störte sie nicht, ihnen geht es hier vielmehr um etwas anderes: „Ich wollte mitmachen, weil es mich einfach interessiert, wie die Menschen in anderen Ländern leben", sagt Paula. [...]

Den Vormittag über erzählte Lisa-Julies Mutter Naby, wo Südkorea liegt, dass Korea in zwei Teile geteilt ist und woher die Schrift kommt. Schnell wurde es Mittag, jetzt wird gemeinsam gekocht: Lisa-Julie liest das Rezept vor. Eleana und Finja rätseln, was Kim Chi sein soll. Tatsächlich handelt es sich dabei um einen scharf eingelegten Kohl. Doch bevor der gekostet wird, müssen Mandus zubereitet werden. Das sind kleine Teigtaschen mit Fleischfüllung. Außerdem auf dem Speiseplan: Feuerfleisch.

Als das fertige Essen endlich auf dem Tisch steht, sind alle begeistert, nehmen immer wieder Nachschlag. Das Feuerfleisch ist übrigens nicht scharf, sondern wird traditionell über Feuer zubereitet, daher der Name. Die meiste Arbeit hat an diesem Tag Mutter Naby, doch das stört sie nicht, denn sie selbst findet das Projekt „Switch" interessant: „Eine bessere Form, eine andere Kultur so behütet kennenzulernen, gibt es eigentlich gar nicht."

(http://www.dw.com/de/familienaustausch-als-kulturbrücke/a-1842258)

M 5   Tipps, wie du deinen Schüleraustausch finanzieren kannst

1. Zapfe verschiedene Quellen zur Finanzierung an

Unsere Erfahrung hat gezeigt, dass sich die wenigsten Austauschschüler auf eine einzige Finanzierungsmöglichkeit verlassen. [...]

3. Finanzierung über Familie, Bekannte und Verwandte

Die Finanzierungsquelle Nr. 1 bei einem Schüleraustausch sind natürlich häufig die Eltern. [...] Frag doch mal deine Großeltern, Tanten und Onkel, ob sie sich ihr nächstes Geschenk zu Weihnachten oder zum Geburtstag nicht lieber sparen wollen und dir dafür etwas zu deinem Schüleraustausch beisteuern!

4. Taschengeld sparen und durch Jobben aufbessern

[...] Jeden Monat ein paar Taler vom Taschengeld zurückzulegen. [...] Babysitten, Zeitungen austeilen, Nachhilfe geben – mit einem Nebenjob kannst du regelmäßig etwas hinzuverdienen.

5. Förderkreise und weitere Sponsoren

Neben Familienmitgliedern beziehen einige Schüler auch weitere Bekannte und sogar Unternehmen in ihre Finanzierung ein. [...]

Auch „offizielle" Sponsoren können eine ergiebige Finanzquelle sein. Versuche beispielsweise regionale Unternehmen und Lokalzeitun-

30 gen für dich zu gewinnen. Als Gegenleistung kannst du ihnen eine gute PR[10] oder selbst verfasste Artikel anbieten.

6. Crowdfunding

35 Pfiffige Schüler haben auch das Crowdfunding als eine Form der Finanzierung für sich entdeckt. Die Idee dahinter ist ähnlich wie bei den Förderkreisen: Die Finanzierung (funding)

wird über eine Menge von Internetnutzern (crowd) realisiert. Dabei wird über persönliche Homepages und spezielle Plattformen zur Spende oder Beteiligung aufgerufen. [...] 40

8. BAFöG für Schüler im Ausland

Unter Umständen hast du auch die Möglichkeit, die Finanzierung deines Schüleraustauschs durch BAFöG zu realisieren. [...]

(https://www.travelworks.de/schueleraustausch-finanzierung.html)

---

10 PR: Public Relations: Öffentlichkeitsarbeit, Werbung

Zum Zweiten Prüfungsteil

Prüfungsbeispiel: Einen literarischen Text analysieren – Prosa (Aufgabentyp 4a)

Lies bitte zuerst den Text, bevor du die Aufgaben bearbeitest.
Schreibe einen zusammenhängenden Text.

Analysiere den Text „Liebe Mom, lieber Dad" von Irene Dische.

Gehe dabei so vor:
- *Schreibe eine Einleitung, in der du Titel, Autor/-in, Textsorte, Erscheinungsjahr und Thema benennst.*
- *Fasse den Inhalt des Textes zusammen.*
- *Untersuche, wie die Briefschreiberin die Schilderung der Ereignisse der letzten sechs Wochen aufbaut. Welche Wirkung möchte sie mit der Bemerkung „Und ich bin schuld." (Z. 75) vermutlich erzielen?*
- *Überprüfe, inwieweit die Merkmale einer Kurzgeschichte erfüllt sind. Nenne mindestens vier Merkmale.*
- *Eine Mitschülerin kritisiert: „Hier will eine Tochter ihren Eltern eine Lehre erteilen. Das steht ihr nicht zu!"*
- *Wie könnte diese Lehre lauten? Formuliere einen kurzen Text, der sich an die Eltern richtet.*
- *Was hältst du vom Ausspruch der Mitschülerin? Dürfen Kinder so mit ihren Eltern reden? Begründe deine Ansicht.*

Liebe Mom, lieber Dad *Irene Dische*

Liebe Mom, lieber Dad, bitte entschuldigt, dass ich mich so lange nicht gemeldet habe. Ich kann mir vorstellen, dass ihr euch meinetwegen Sorgen gemacht habt, aber ich konnte wirklich
5 nicht anrufen. Bis gestern lag ich im Krankenhaus. Zum ersten Mal seit anderthalb Monaten sitze ich wieder an einem Tisch. Nach unserem Streit vor sechs Wochen wegen Ralph, der euch nicht gefällt, weil er so viel älter als ich und
10 überhaupt eine seltsame Wahl ist, weil er kein Arzt oder Anwalt ist wie alle anderen, die ich kenne, war ich so wütend, dass ich mich besser nicht ans Steuer gesetzt hätte. Jackie hatte die ganze Zeit im Wagen auf mich gewartet. Sie ist
15 immer meine beste Freundin gewesen. Ich war doch bloß vorbeigekommen, um euch kurz zu umarmen. Danach wollten wir weiterfahren – über das Wochenende nach Maine, wo Ralph eine Farm hat. So arm ist er nämlich gar nicht,
20 wisst ihr. Ich war hereingekommen und sagte: „Ich wollte euch bloß Guten Tag sagen, ich bin auf dem Weg nach Maine." Da habt ihr gleich angefangen, mir Vorwürfe wegen Ralph zu machen. Ihr werdet euch daran erinnern. Als du,
25 Dad, meine Beziehung zu ihm eine „Katastrophe" nanntest und Mom zu weinen anfing, da habe ich eben kehrtgemacht und bin gegangen. Ihr seid hinter mir her, aber ich war schneller. Ich habe mich in den Wagen gesetzt, mit zitternden
30 Händen. Jackie bot an, sie könne fahren. Aber

ich wollte nicht. Ich fuhr auf den Highway. Alles in mir war im Aufruhr. Ich konnte mich nicht konzentrieren. Ich fuhr zu schnell. Ich fuhr viel zu schnell. Jackie schrie mich an. Ich stand ein-
35 fach auf dem Gaspedal. Hundertfünfzig bin ich gefahren. An einer Baustelle verengte sich die Straße und ich übersah die Warnschilder. Ich geriet auf den Mittelstreifen, der Wagen brach durch die Leitplanke und schoss auf die Gegen-
40 fahrbahn. Ein kleiner Wagen, eine indische Familie mit vier Kindern, kam mir entgegen – ich krachte mitten in sie rein. Noch immer habe ich Jackies „Nein! Nein!" im Ohr. Es waren ihre letzten Worte. Jackie ist tot. Ein siebenjähriger
45 Junge in dem anderen Wagen hat überlebt, die Eltern und seine drei Geschwister sind tot. Er aber hat nicht die kleinste Schramme, die ihn von der neuen Wirklichkeit wenigstens einen Moment lang ablenken könnte. Was mich an-
50 geht – um beim Sichtbarsten anzufangen: Die Hüften und beide Beine sind zerquetscht. Das Gesicht ist völlig kaputt – die Nase gebrochen, die Wangenknochen gebrochen, ein Riss in der Stirn, sieben Rippen, der linke Arm und die linke
55 Hand an fünf Stellen gebrochen. Ich habe auch innere Verletzungen – unter anderem einen Lungenriss. Drei Tage war ich auf der Intensivstation. Ralph kam mit dem Flugzeug von Maine, um bei mir zu sein. In Boston sollte eine Ausstel-
60 lung mit seinen Bildern eröffnet werden, für die

er seit mehr als einem Jahr gearbeitet hatte. Er fuhr nicht hin, sondern blieb, solange er konnte, bei mir. Irgendwann musste er zurück nach Maine, sich um die Tiere kümmern, und kam dann an den Wochenenden herüber. Die übrige Zeit war ich allein. Ich habe vier Operationen hinter mir – in vier Wochen. Im Gesicht werde ich noch operiert. Vielleicht kann ich nie mehr richtig laufen. Kinder werde ich auch keine bekommen können. Aber das alles macht mir längst nicht so viel Kummer wie mein Gewissen. Ich habe fünf Menschen umgebracht. Jackies Eltern haben ihr einziges Kind verloren. Ein kleiner Junge hat alle seine Angehörigen verloren. Und ich bin schuld.

Liebe Mom, lieber Dad. Nichts von alledem ist wahr. Die Wahrheit ist, ich hatte bei euch angehalten, um euch eine freudige Nachricht zu bringen. Aber weil ihr derart über Ralph hergezogen seid, konnte ich euch nicht sagen, dass ich schwanger bin. Jetzt bin ich im fünften Monat. Letzte Woche haben Ralph und ich geheiratet. Entschuldigt den ersten Absatz: Ich wollte nur, dass ihr meine Neuigkeiten im richtigen Licht seht. Wir leben in Maine, ich bin ungeheuer glücklich, und ich hoffe, ihr besucht uns bald mal.

In Liebe
eure Tochter Sarah

Zum Zweiten Prüfungsteil

Prüfungsbeispiel: Einen literarischen Text analysieren – Gedicht (Aufgabentyp 4a)

Lies bitte zuerst das Gedicht, bevor du die Aufgaben bearbeitest.
Schreibe einen zusammenhängenden Text.

Analysiere das Gedicht „Im Nebel" von Hermann Hesse.

Gehe dabei so vor:
- *Schreibe eine Einleitung, in der du Titel, Autor, Textsorte und Erscheinungsjahr benennst und das Thema formulierst.*
- *Beschreibe den formalen Aufbau des Gedichts:*
  - *Wie viele Strophen und Verse hat es?*
  - *Welche Reimform liegt vor?*
  - *Liegt ein bestimmtes Metrum vor?*
- *Stelle dar, was das lyrische Ich über sich und die Welt sagt.*
- *Untersuche die Verwendung der Metaphern „Nebel" und „Dunkelheit". Charakterisiere aufgrund deiner Ergebnisse das lyrische Ich, belege anhand von Textstellen.*
- *Ein Mitschüler sagt über den Text: „Der übertreibt ja völlig mit dem Satz ‚Leben ist Einsamsein'."*
  Setze dich mit der Aussage auseinander und überlege, ob du die Einschätzung teilen kannst.
  Begründe deine Meinung und beziehe dich dabei auf den Text.

Im Nebel   *Hermann Hesse (November 1905)*

Seltsam, im Nebel zu wandern!
Einsam ist jeder Busch und Stein,
Kein Baum sieht den anderen,
Jeder ist allein.

5 Voll von Freunden war mir die Welt,
Als noch mein Leben licht[11] war;
Nun, da der Nebel fällt,
Ist keiner mehr sichtbar.

Wahrlich, keiner ist weise,
10 Der nicht das Dunkel kennt,
Das unentrinnbar und leise
Von allem ihn trennt.

Seltsam, im Nebel zu wandern!
Leben ist Einsamsein.
15 Kein Mensch kennt den andern,
Jeder ist allein.

---

11 licht (Adjektiv): hell, voll freundlicher Helligkeit

ABSCHLUSS-PRÜFUNGS-TRAINER

Mittlerer Schulabschluss Nordrhein-Westfalen

Lösungsteil

Erarbeitet von
Inga Alkämper,
Mara Obermann und
Hermann Wübbels

Cornelsen

220007635

Seite 7

❶ Der Text informiert über die Verschmutzung der Weltmeere durch Plastikmüll und die davon ausgehenden Gefahren für Tiere und Menschen.

Seite 8

❷

Ab-schnitt	Zeilen	Buch-stabe	Inhalt
1	8–39	d)	Es vergehen 350 bis 400 Jahre, bis Plastik sich völlig zersetzt.
2	40–61	c)	Tiere verwechseln Kunststoffteile mit Nahrung und ersticken daran, erleiden tödliche Verstopfungen oder verhungern mit vollem Magen.
3	62–92	b)	Mittlerweile gibt es in allen Ozeanen und Weltmeeren gigantische Müllstrudel. Sie sind der oberflächliche sichtbare Kunststoffmüll. 70 % des Kunststoffmülls sinken auf den Grund.
4	93–102	e)	Die unbewohnte Insel Mellum vor Wilhelmshaven ist Indikator für die Verschmutzung der Nordsee.
5	103–115	a)	Neben den gesundheitlichen Folgen führen die Säuberung der Strände vom Müll, Schäden in Kraftwerken bei der Kühlwasseraufnahme, verschmutztes Weideland in Küstennähe u.v.m. zu erheblichen wirtschaftlichen Kosten durch die Verschmutzung der Meere.
6	116–128	f)	Wirtschaft, Industrie, Bürger und Politik müssen regional und international die Verschmutzung der Weltmeere bekämpfen und dabei zusammenarbeiten.

Seite 9

❸ Antwort c) ist richtig.

❹ Antwort d) ist richtig.

❺ Antwort c) ist richtig.

❻

	Folgen
Ernährung	Die Tiere verenden trotz voller Mägen. *Oder:* Die Tiere erleiden tödliche Verstopfungen. *Oder:* Die Tiere ersticken an zu großen Kunststoffteilen.
Mobilität	Schildkröten verfangen sich in Six-Pack-Haltern, ihr Panzer wird so eingezwängt, dass sie in ihrer Bewegung eingeschränkt werden.

❼ In 93 % der Mägen von Eissturmvögeln wurden Plastikteile gefunden. Da sich der Eissturmvogel als Hochseevogel ausschließlich aus dem Meer ernährt, stammt das von ihm gefressene Plastik zweifelsfrei aus dem Meer.

Seite 10

❽ richtig: a), b), d), e)
falsch: c)

❾ Die großen Müllreste sind ohnehin gut zu sehen. Die kleinen Plastikpartikel vermischen sich mit dem Sand der Küsten, sodass dieser gefärbt wird.

❿ Weil die Insel unbewohnt ist und damit auch kein Müllaufkommen verursacht wird, kann an der Menge des angespülten Mülls der Grad der Nordseeverschmutzung errechnet/abgelesen werden.

⓫

	Folgen
Schifffahrt	Blockierung von Schiffsschrauben/Zerstörung von Fischernetzen
Tourismus	Fortbleiben von Touristen/Kosten für die Säuberung der Strände
Landwirtschaft	Verschmutzung von Weideland

Seite 11

⓬ Antwort d) ist richtig.

⓭ Das Bild zeigt, dass ein Fischerboot in seinen Fangnetzen viel Plastikmüll fängt und wenig Fische. Der Text verweist auf eine Initiative von Fischern in Niedersachsen, die offensichtlich diesen Abfall sammeln, um ihn aus dem Meer herauszuholen und die Verschmutzung der Meere so zu reduzieren.

14 *So könnte deine Lösung aussehen:*
Ich stimme der Aussage der Schülerin nicht zu, denn die Strände sind nicht von alleine so sauber, sondern werden regelmäßig vom herumliegenden Plastikmüll gereinigt. Ich habe an Stränden auch schon große Müllboxen gesehen, in die Strandspaziergänger den Müll, den sie auf ihren Wanderungen gefunden haben, entsorgen können. Darin waren z. B. alte Kanister. Die kleinen Plastikpartikel sind für das bloße Auge nicht sichtbar und fallen bei einem Strandurlaub nicht auf – dennoch sind sie da.

Seite 13

1

Beginn:	8. August 1914
Name des Schiffes:	Endurance
Name des Begleitschiffes:	Aurora
Größe der Expeditionsmannschaft:	56

2 Antwort c) ist richtig.

Seite 14

3

Ereignis auf Shackletons Expedition	Nummer
Aufbruch in England zur Expedition	1
Einfrieren des Expeditionsschiffes im Weddellmeer	3
Rettung der übrigen Mannschaft auf Elephant Island	7
Zwischenstopp auf der Insel South Georgia	2
Weiterfahrt in Rettungsbooten nach Elephant Island	4
Fußmarsch auf South Georgia zur Walfangstation	6
Überfahrt nach South Georgia	5

4

Ressource	Verwendungszweck
Fleisch	Ernährung
Fett	Brennstoff für die Öfen

5 richtig: a), c), e)
falsch: b), d)

Seite 15

6 *So könnte deine Lösung aussehen:*
Ich denke, dass Shackleton ein Held ist, weil er immer das Wohl der ganzen Mannschaft im Auge hatte. So veranstaltete er auch für die Moral und Stimmung der Mannschaft ein Unterhaltungsprogramm. Als es die Situation erforderte, begab er sich mit einigen Wenigen auf den lebensgefährlichen Weg nach South Georgia, um Hilfe für alle zu organisieren. Dieses Ziel verlor er auch nicht aus den Augen, als große Schwierigkeiten auftraten, z. B. als sie an der falschen Seite von South Georgia anlegten.

Seite 16

1 Kreis-, Balken- und Säulendiagramm: Größenverhältnisse
Kurven- oder Liniendiagramm, Balken- und Säulendiagramm: Entwicklungen

2 Waldbestand: Kreis-, Balken-oder Säulendiagramm
Lebenserwartung: Kurven- oder Liniendiagramm, Säulendiagramm
Filmwettbewerb: Kreis-, Balken- oder Säulendiagramm

Seite 17

3 Die Grafik thematisiert Unfallbeteiligte bei Fahrradunfällen innerorts in Deutschland.

4 Kreisdiagramm

5 in Prozent

6 a) Destatis
b) 2013

Seite 18

7 a) PKW / Autos
b) 63 Prozent
c) Sonstige Fahrzeuge, Kräder (Krafträder), Busse

8 Unter einem Alleinunfall versteht man, dass diese Unfälle von Radfahrern ohne Beteiligung anderer verursacht wurden, z. B. durch Unachtsamkeit, Ablenkung usw.

9 a) Säulendiagramm
b) In der Grafik / Im Diagramm wird dargestellt, wie sich das Sicherheitsgefühl von Radfahrern im Straßenverkehr im Vergleich der Jahre 2009, 2011 und 2013 entwickelt hat.

Seite 19

10 richtig: b), d), e)
falsch: a), c)

11 **a)** Entwicklung der Unfallschwere bei Verkehrsunfällen mit Radfahrern
  b) für die Jahre 2000 bis 2012
  c) Kurvendiagramm

Seite 20

12

Achse	Maßeinheit
x-Achse	Jahr
y-Achse	Prozent

13 Unterschieden werden leicht- und schwerverletzte sowie getötete Personen.

14

Fragen	Antworten
Welche ausgewiesene Unfallschwere überwiegt bei den Radunfällen?	Leichtverletzte
In welchem Jahr war die Schwere der Radunfälle für alle Verletzungsarten am geringsten?	2010
Welche Tendenz lässt sich seit 2000 für bei Unfällen umgekommene Radfahrer feststellen?	Die Zahl der bei Radunfällen getöteten Personen hat (stark) abgenommen.

Seite 25

1 *So könnte deine Lösung aussehen:*
Es gibt einen Trend, dass immer mehr Jugendliche in ein Fitnessstudio gehen und zu Nahrungsergänzungsmitteln greifen, um gut auszusehen. Sie wissen häufig nicht, dass die Einnahme solcher Präparate schädlich sein kann.

2 Der Text, den ich zum Thema „Bodystyling – Jugendliche im Fitnessstudio und ihr Umgang mit Nahrungsergänzungsmitteln" verfassen soll, richtet sich an Schüler, Lehrer, Eltern und Menschen, die sich für die Schule interessieren. Er soll auf der Schulhomepage veröffentlicht werden. Folgende Aspekte müssen in dem Text bearbeitet werden: 1. Sportverhalten junger

Menschen, 2. Erwartungen an einen Besuch im Fitnessstudio, 3. Positive Wirkungen und Gefahren eines Besuchs im Fitnessstudio, 4. Gründe für den Griff zu Nahrungsergänzungsmitteln, 5. Folgen der Einnahme von Nahrungsergänzungsmitteln.
Zum Schluss soll ich anhand der Materialien und eigener Überlegungen ein Fazit ziehen und meine Empfehlungen für den Umgang mit Nahrungsergänzungsmitteln formulieren und begründen.

Seite 26

3 *Individuelle Ergebnisse*

Seite 27

4 In dem Schaubild auf S. 24 geht es um das Sportverhalten der Schülerinnen und Schüler in der Klasse 10.

5 B: Säulendiagramm

6 **a)** Je älter die Mädchen sind, desto mehr von ihnen treiben Sport.
  b) Fast alle Jungen treiben regelmäßig Sport. Der Anteil der sehr sportlichen Jungen schwankt auf hohem Niveau zwischen 75 und 100 Prozent.
  c) Jungen treiben im Alter von 15 und 16 Jahren mehr Sport als Mädchen. Ab 16 besuchen etliche Schülerinnen und Schüler regelmäßig ein Fitnessstudio. Ihr Anteil liegt um die 30 %, wobei die Mädchen anscheinend etwas später mit dem Training im Studio beginnen.
  d) Erst ab dem Alter von 16 Jahren besuchen Schülerinnen und Schüler regelmäßig ein Fitnessstudio. Bei den 16-Jährigen sind es bei den Mädchen rund 10 %, bei den Jungs rund 30 %. Von den Mädchen und Jungs, die älter als 16 sind, besuchen circa 30 % ein Fitnessstudio, wobei der Wert bei den Mädchen etwas geringer ist.

Seite 28

7

a) Überschrift: Power durch Pillen oder Muskelaufbau durch Training?

g) Fazit:
Empfehlung, kurze Begründung, individuelle Lösung

f) Folgen der Einnahme von Nahrungsergänzungsmittel:
- Eiweißshake kann sinnvoll sein (M4)
- aber viele Mittel gepanscht (M1)
- 20 % der Produkte aus Online-Shops enthielten gefährliche Substanzen, die schwerwiegende gesundheitliche Folgen verursachen können (M1)
- besonders gefährlich: Anabolika (M1, M3)
- Wirkung von Nahrungsergänzungsmitteln nicht nachgewiesen (M1)
- senken die Hemmschwelle, zu Dopingmitteln zu greifen (M2)

b) Einleitung:
- Bezug zur Frage in der Überschrift herstellen
- Fitnessstudio und Nahrungsergänzungsmittel für viele Jugendliche interessant
- Möglichkeiten-Risiken

Jugendliche im Fitnessstudio und ihr Umgang mit Nahrungsergänzungsmitteln

e) Gründe für den Griff zu Nahrungsergänzungsmitteln:
- Jugendliche wollen Trainingsleistung verbessern und schnellere Regeneration (M2)
- Abnehmen unterstützen (M1)
- Empfehlungen durch Freunde (M3)
→ Pillen verschaffen die Illusion, besonders fit zu sein (M2)

c) Sportliche Betätigung von Jugendlichen:
- 900.000 gehen regelmäßig ins Fitnessstudio (M3)
- Besuch ist vom Bildungsniveau unabhängig (M3)
- viele Jungen(mehr als 75 %) und Mädchen (etwas weniger) aus unserer Jahrgangsstufe 10 treiben nach eigener Aussage viel Sport (M4)
- mit dem 16. Geburtstag besuchen ca. 30 % der Jungen unserer Jahrgangsstufe 10 ein Studio, Mädchen etwas weniger (M4)

d) Jugendliche im Fitnessstudio (Erwartungen, Auswirkungen):
Erwartungen:
- gutes Aussehen, Muskelaufbau, abnehmen (M1, M3)
- den Körper „ausdefinieren", Freunde treffen (M3)
- → Identitätsarbeit
Auswirkungen und Gefahren:
- Förderung von Muskulatur, Koordination und Ausdauer bei altersgerechtem Training (M5)
- Überlastung des Bewegungsapparates bei falschem Training (M5)
- zu starke Definition über das Aussehen (M3)

 8

Power durch Pillen oder Muskelaufbau durch Training?					
	M1	M2	M3	M4	M5
b) Einleitung			individuelle Lösung		
c) Sportliche Betätigung von Jugendlichen			900.000 gehen ins Fitnessstudio, Besuch ist vom Bildungsniveau unabhängig	- mehr Jungen als Mädchen üben Sport aus - viele Jungen (mehr als 75 %) und Mädchen (etwas weniger) aus unserer Jahrgangsstufe 10 treiben nach eigener Aussage viel Sport (M4) - mit dem 16. Geburtstag besuchen ca. 30 % der Jungen unserer Jahrgangsstufe 10 ein Studio, Mädchen etwas weniger (M4)	

d) Jugendliche im Fitnessstudio: Erwartungen, Wirkungen und Gefahren	gutes Aussehen und Muskelaufbau, abnehmen		Körper ausdefinieren, gutes Aussehen, Freunde treffen, abnehmen → Identitätsarbeit zu starke Definition über das Aussehen		Förderung von Muskulatur, Koordination und Ausdauer bei altersgerechtem Training, Überlastung des Bewegungsapparates bei falschem Training
e) Gründe für den Griff zu Nahrungsergänzungsmitteln	Abnehmen unterstützen	Verbesserung der Trainingsleistung, schnellere Regeneration, Pillen verschaffen die Illusion, besonders fit zu sein	Empfehlungen durch Freunde		
f) Folgen der Einnahme von Nahrungsergänzungsmitteln	- viele Mittel gepanscht - 20 % der Produkte aus Online-Shops enthielten gefährliche Substanzen, die schwerwiegende gesundheitliche Folgen verursachen können - Beispiele nennen - besonders gefährlich: Anabolika - Wirkung von Nahrungsergänzungsmitteln nicht nachgewiesen	- senken die Hemmschwelle, zu Dopingmitteln zu greifen (M2)			
g) Fazit	individuelle Lösung				

Seite 30

9 *So könnte deine Lösung aussehen:*

a) Meiner Meinung nach ist Einleitung C am besten gelungen, weil sie den Anlass für den Artikel sowie die Fragestellung treffend bezeichnet. Außerdem stellt die Einleitung einen Bezug zu den Adressaten her.

b) Meiner Meinung nach ist Einleitung A nicht so gut gelungen, weil das Thema des Artikels nicht deutlich wird. Die Einleitung schildert ausschließlich die Erfahrungen des Autors/der Autorin. Hier müsste in den Folgesätzen auf jeden Fall eine Verbindung zwischen diesen Erfahrungen und dem Thema hergestellt werden.

Meiner Meinung nach ist Einleitung B nicht so gut gelungen, weil sie zwar durch die einleitende Frage neugierig macht und das Leseinteresse weckt, aber ebenfalls noch keinen Bogen zur Aufgabenstellung und zum Thema geschlagen hat.

Seite 31

10 *So könnte deine Lösung aussehen:*

Power durch Pillen oder Muskelaufbau durch Training?

Diese Frage beschäftigt viele Jugendliche, die ihr Aussehen durch Muskelaufbau verbessern wollen. In jedem Fitnessstudio werden Eiweißpräparate angeboten und in Spezialgeschäften und im Internet gibt es viele Angebote, die schnelles Abnehmen und mehr Muskeln versprechen. In der letzten Projektwoche zum Thema „Sport und Gesundheit" hat sich eine AG intensiver mit dem Thema auseinandergesetzt und viel Wissenswertes herausgefunden.

⑪ *So könnte deine Lösung aussehen:*
Meiner Meinung nach ist Überleitung A nicht gelungen, weil sie in dieser Form in einer Sachtextanalyse vorkommen könnte. Der Leser eines Artikels auf der Schulhomepage hat M1-M3 gar nicht vorliegen. Er möchte die wichtigen Inhalte erfahren. Die Formulierung geht an der Aufgabenstellung vorbei.

Meiner Meinung nach ist Überleitung B gelungen, weil durch die Formulierungen „reicht nicht aus" und „deshalb" dem Leser deutlich gemacht wird, dass der Teilaspekt „Besuch im Fitnessstudio" jetzt um einen weiteren inhaltlichen Aspekt, nämlich „Einnahme von Nahrungsergänzungsmitteln", erweitert wird.

Seite 32

⑫ a) *So könnte deine Lösung aussehen:*
Ich meine, dass Schluss A und C beide gleichermaßen gelungen sind. Schluss A ist förmlicher formuliert als Schluss C, der sich stärker an die jugendlichen Leser als an Erwachsene richtet. Beide fassen die Meinung der Autorin/des Autors kurz zusammen und geben im Sinne der Aufgabenstellung eine kurze Empfehlung. Schluss B ist viel zu umgangssprachlich und polemisch formuliert. Er verunglimpft dadurch Besucher von Fitnessstudios und Menschen, die Nahrungsergänzungsmittel zu sich nehmen, in abfälliger Weise, die auf gar keinen Fall auf der Schulhomepage zulässig und auch im Alltag verletzend und diskriminierend ist.

Seite 33

b) *So könnte deine Lösung aussehen:*
Einen regelmäßigen Besuch im Fitnessstudio kann ich mir persönlich überhaupt nicht vorstellen. Auch die Einnahme von Nahrungsergänzungsmitteln kommt für mich nicht in Frage. Durch Muskeltraining im Studio in Verbindung mit der Einnahme von Proteinen u. Ä. wollen viele möglichst schnell einem gängigen Schönheitsideal entsprechen. Ich halte regelmäßiges Training in einer Mannschaft oder draußen im Freien und eine Umstellung auf eine gesunde Ernährung für effektiver. Darüber hinaus akzeptiere ich mein Aussehen und möchte es nicht im Studio „optimieren und definieren".

c) *Individuelle Lösungen*

Seite 21–33 (gesamtes Kapitel)

So könnte dein informierender Text aussehen:

Power durch Pillen oder Muskelaufbau durch Training?

Diese Frage beschäftigt viele Jugendliche, die ihr Aussehen durch Muskelaufbau verbessern wollen. In jedem Fitnessstudio werden Eiweißpräparate angeboten und in Spezialgeschäften und im Internet gibt es viele Angebote, die schnelles Abnehmen und mehr Muskeln versprechen. In der letzten Projektwoche zum Thema „Sport und Gesundheit" hat sich eine AG intensiver mit dem Thema auseinandergesetzt und viel Wissenswertes herausgefunden.

Befragungen haben ergeben, dass 900.000 Jugendliche regelmäßig ein Fitnessstudio besuchen und dies unabhängig vom Bildungsstandard. Sportliches Aussehen und Fitness ist also für viele sehr wichtig. Dies trifft auch auf die Schülerinnen und Schüler unserer Schule zu. Eine Umfrage in der 10. Jahrgangsstufe hat ergeben, dass nach eigenen Angaben mehr als 75 % der Jungen viel Sport betreiben. Auch viele Mädchen treiben regelmäßig Sport, wenn auch etwas weniger als ihre Mitschüler. Mit dem 16. Geburtstag unterschreiben viele einen Vertrag im Fitnessstudio. Circa 30 % der Jungen unserer Jahrgangsstufe besuchen regelmäßig ein Studio.

Auf die Gründe für den Besuch im Fitnessstudio angesprochen, geben viel Jugendliche an, dass sie besser aussehen möchten, indem sie Muskeln aufbauen und abnehmen. Sie möchten ihren Körper „ausdefinieren" und das Fitnessstudio ist auch ein Ort, um Freunde zu treffen. Experten sprechen in diesem Zusammenhang von „Identitätsarbeit". Auch Erwachsene sehen viele Vorteile im Besuch eines Fitnessstudios: Das Training dort fördert Muskulatur, Koordination und Ausdauer. Allerdings sollte das Training altersgerecht sein, da sonst der Bewegungsapparat überlastet werden kann. Einige Erwachsene sehen auch sehr kritisch, dass der Besuch im Fitnessstudio den Trend bei Jugendlichen unterstützt, sich zu stark über das Aussehen zu definieren.

Der unbedingte Wunsch, muskulös und fit zu erscheinen, lässt viele Jugendliche zu Nahrungsergänzungsmitteln greifen, ohne sich genauer über deren Wirkstoffe zu informieren. Die vermeintlich ungefährlichen Pillen und Drinks sollen die Trainingsleistung verbessern, eine schnellere Regeneration fördern und das Abnehmen unterstützen. Häufig werden sie durch Freunde empfohlen und sie verschaffen schnell die Illusion, besonders fit zu sein.

Durch unsere Recherchen in der Projektwoche haben wir erfahren, dass Experten vor der Einnahme dieser Produkte warnen. Ein Eiweißshake kann sinnvoll sein, aber bei den meisten Mitteln ist eine positive Wirkung nicht nachgewiesen. Studien der Verbraucherzentralen zeigen, dass viele Mittel gepanscht sind und dass 20 % der Produkte aus Online-Shops gefährliche Substanzen enthielten, sodass die Einnahme schwerwiegende gesundheitliche Folgen haben kann, z. B. Steroid-Akne, Leber- und Nierenschädigungen und verringertes Körperwachstum. Noch schwerwiegender ist die Einnahme von stärkeren Mitteln wie Anabolika, die mit Hormonen arbeiten. Sie kann psychische Veränderungen und krankhafte Veränderungen der Geschlechtsorgane hervorrufen.

Vor diesem Hintergrund bin ich zu dem Schluss gekommen, dass Muskelaufbau ohne Nahrungsergänzungsmittel der ungefährlichste und sicherste Weg zu mehr Fitness ist. Wenn man schon zu Nahrungsergänzungsmitteln greift, dann sollte man sich gut informieren und ausschließlich frei zugängliche Mittel einnehmen. Die Internetseiten der Verbraucherzentralen geben außerdem hilfreiche Tipps.

Ich habe die Materialien M1–M5 benutzt.

Seite 35

❶ a) *Individuelle Lösungen*

b) *So könnte deine Lösung aussehen:*
Ich bin
☐ für ein Bußgeld von 60 € bei wiederholtem Rauchen auf dem Schulgelände.
 gegen ein Bußgeld von 60 € bei wiederholtem Rauchen auf dem Schulgelände.

Meine Auswahl	Warum hältst du den ausgewählten Stichpunkt für besonders geeignet, um Luisa von deiner Meinung zu überzeugen?
Nr. 10	Es ist offensichtlich, dass es für die Schulen bereits viele Möglichkeiten gibt, gegen das Rauchen vorzugehen. Diese werden nicht ausreichend genutzt.
Nr. 8	Appelle an die Einsicht sind besser als Strafe. Eine SV, die Schülerbestrafungen befürwortet, könnte Schwierigkeiten bekommen.
Nr. 11	Die Schülervertretung sollte daran erinnert werden, dass das Rauchen auf dem Schulgelände im Vergleich zu anderen Schulproblemen, z. B. Mobbing, eher nachrangig ist. Die Bearbeitung dieser Probleme soll stärker in den Mittelpunkt der Aufmerksamkeit gerückt werden.

Seite 36

❶ c)

Meine Auswahl	Warum muss gerade dieser Stichpunkt der Gegenseite unbedingt entkräftet werden?
Nr. 1	Der Verweis auf die Umsetzung von Bundes- und Landesgesetz ist das stärkste Argument der Gegenseite und darf nicht einfach ignoriert werden.

❶ Verfasse auf der Grundlage deiner Vorarbeiten einen Brief an Luisa. Dein Ziel ist es, sie von deiner Meinung zu überzeugen.
Gehe dabei folgendermaßen vor:
- Formuliere eine Einleitung, in der du den Grund deines Schreibens und deine Position verdeutlichst.
- Begründe deine Position: Erweitere die ausgewählten Stichpunkte zu Argumenten, indem du sie näher erläuterst und/oder sie durch Beispiele veranschaulichst.
- Entkräfte das von dir gewählte Gegenargument.
- Bringe die Argumente in eine sinnvolle Abfolge und beziehe das Gegenargument angemessen ein.
- Formuliere einen Schluss, in dem du noch einmal bei der Schülersprecherin Luisa für deine Position wirbst.
- Berücksichtige bei deinen Ausführungen, an wen dein Brief adressiert ist.

❷ Die Argumentation, die ich zum Thema „Bußgeld für das Rauchen auf dem Schulhof" verfassen soll, richtet sich an die Schülersprecherin Luisa Rautenberg.
Sie soll als Brief formuliert werden. Ich schreibe diese Argumentation, weil die Schülervertretung um Rückmeldungen gebeten hat, damit sie die Meinung der Schülerinnen und Schüler in der Schulkonferenz vertreten kann.
Mindestens drei Argumente sollen ausführlich erläutert und ein Gegenargument soll entkräftet werden.

Seite 37

❸ 1. → b)
2. → c)
3. → a)

Seite 38

4 *So könnte deine Lösung aussehen:*
Stichpunkt: Rauchende Schülerinnen und Schüler finden immer eine Möglichkeit, in der Schulzeit zu rauchen.

Beispiel/Erläuterung: Viele Schülerinnen und Schüler gehen z. B. während des Unterrichts rauchen und geben vor, auf die Toilette zu gehen. Da die Lehrer im Unterricht sind, fällt das keinem auf, wenn die Schülerinnen und Schüler sich an entsprechenden Stellen verstecken oder auf der Schultoilette rauchen. Andere Gruppen verlassen in den Pausen unerlaubt das Schulgelände, um in der Umgebung der Schule in den Seitenstraßen und hinter Bäumen zu rauchen. Das fällt oft auch nicht auf.

Stichpunkt: Einschaltung des Ordnungsamtes und Bußgeld sind übertriebene Maßnahmen.

Beispiel/Erläuterung: Das Fehlverhalten der Schülerinnen und Schüler ist nicht so schwerwiegend, dass man es an Behörden weiterleiten sollte. Es ist in der Schule verübt und entdeckt worden, dann sollte es auch dort bestraft werden.

5 *Individuelle Lösungen*

Seite 39

6 **a)** ~~Kommentar~~ – persönlicher Brief – ~~Flugblatt/~~ ~~Aufruf~~ – ~~Leserbrief~~

b) die Schülersprecherin Luisa Rautenberg

c) Aufforderung der SV, Diskussion in der Schulkonferenz

d) Bußgeld für Rauchen auf dem Schulhof

e) *So könnte deine Lösung aussehen:*
Die Einleitung <u>entspricht nicht</u> den Anforderungen der Aufgabenstellung, weil es inhaltlich falsch ist, dass die Lehrer bei einem ersten Regelverstoß das Ordnungsamt benachrichtigen wollen. Der Anlass, der in der Aufgabenstellung vorgegeben wurde, wird nicht richtig erfasst. Außerdem ist diese Einleitung formal falsch: Sie leitet eine Rede und nicht einen Brief ein. Die Adressatin muss die Schülersprecherin als SV-Vertreterin sein und nicht Schüler- und Elternschaft.

Seite 40

7 *So könnte deine Lösung aussehen:*
Hallo Lisa,
bei uns in der Schule wird ja zurzeit in allen Gruppen heftig diskutiert, ob ein Bußgeld für Schülerinnen und Schüler durch das Ordnungsamt erhoben werden soll, wenn sie mehrfach von den Lehrerinnen und Lehrern beim Rauchen auf dem Schulgelände erwischt wurden. Du hast gemeinsam mit der SV alle Schülerinnen und Schüler aufgefordert, euch unsere Meinung zu dem Thema mitzuteilen, damit ihr unsere Interessen in der Schulkonferenz gut vertreten könnt. Ich bin in der 10. Klasse, rauche selbst und bin nicht nur aus persönlichen Gründen gegen ein Bußgeld von 60 € bei wiederholtem Rauchen auf dem Schulgelände. Meinen Standpunkt möchte ich dir nun ausführlicher darlegen: ...

8 Ein Argument für meine Ablehnung des Bußgeldes ist, dass meiner Auffassung nach die konsequente Anwendung schulinterner Bestrafungsmöglichkeiten ausreicht, um gegen rauchende Schülerinnen und Schüler vorzugehen. Diese müssten konsequent angewandt und genutzt werden, wenn man das Rauchen auf dem Schulgelände eindämmen möchte. Es ist für die Lehrerinnen und Lehrer zugegebenermaßen sehr aufwändig, die Raucherinnen und Raucher dingfest zu machen. Wenn dies gelingt, werden bereits jetzt Benachrichtigungen und Tadel an die Eltern abgeschickt und oft werden dann auch Maßnahmen wie Ordnungsdienste beim Hausmeister erlassen. Diese schrecken tatsächlich ab und haben ihre Wirkung auf die Raucherinnen und Raucher. Allerdings geschieht dies viel zu selten, was auf mein zweites Argument verweist.

Seite 41

9 *So könnte deine Lösung aussehen:*
Es ist weiterhin zu bedenken, dass Schulen wichtigere Probleme und Aufgaben haben, als sich um die Durchsetzung des Rauchverbots zu kümmern. Maßnahmen gegen rauchende Schülerinnen und Schüler sind schwer anzuwenden und daher sehr zeitaufwändig. Diese Zeit steht für wichtigere Dinge wie Streitschlichtung in den Pausen, andere Lehrer-Schüler-Gespräche oder außerunterrichtliche Projekte nicht mehr zur Verfügung. Der Zeitaufwand wird noch höher, wenn das Ordnungsamt mit eingeschaltet wird. Darüber hinaus zeigen neue Studien, dass die Zahl der Raucher rückläufig ist, sodass meiner Meinung nach der Aufwand für das Bußgeld im Verhältnis zum Nutzen viel zu hoch ist.

Am wichtigsten erscheint mir, dass Aufklärung und Prävention viel geeignetere Maßnahmen sind, um das Rauchen einzudämmen. So kennen die meisten bestimmt noch den Versuch, den Herr Schneider immer in seinem Biologieunterricht durchführt: Er saugt den Rauch einer Zigarette durch den Wattebausch. Im Wattebausch verbleiben die Rückstände, die beim Rauchen in die Lunge gelangen. Das ist immer sehr anschaulich und zugleich abschreckend. Die meisten Schülerinnen und Schüler haben danach, zumindest erst einmal, keine Lust, mit dem Rauchen anzufangen. Auch die Aktion „Be smart – don´t start" fanden viele Mitschülerinnen und Mitschüler gut. Solche Aktionen sollten viel mehr gefördert werden, dann könnte man sich die Strafe sparen.

❿ a) und **b)**
So könnte deine Lösung aussehen:
Die Befürworter des Bußgeldes werden sicherlich einwenden, dass in der Schule das Rauchverbot in öffentlichen Gebäuden umgesetzt werden muss wie in anderen öffentlichen Gebäuden auch, weil es Landes- und Bundesgesetz ist. Viele Eltern werden sicherlich darauf verweisen, dass auf ihrer Arbeitsstelle schon seit Jahren das Rauchen nicht mehr geduldet wird und sie das Betriebsgebäude und -gelände verlassen müssen, wenn sie rauchen wollen. Diese Zeit zählt nicht als Arbeitszeit.
Dem möchte ich entgegenhalten, dass es in unserer Schule ja nicht grundsätzlich egal ist, ob Schülerinnen und Schüler in der Pause oder während des Unterrichts rauchen. Stichprobenartige Kontrollgänge auf den Toiletten während des Unterrichts durch den Hausmeister und eine Toilettenaufsicht in den Pausen (auch durch Schüler denkbar) halte ich allerdings für sinnvollere Maßnahmen. Auch die Schulhofausgänge könnten konsequenter kontrolliert werden.

Seite 42

⓫ *So könnte deine Lösung aussehen:*
Als Konsequenz aus meinen Überlegungen ergibt sich für mich, dass es nicht sinnvoll ist, an unserer Schule ein Bußgeld für Schülerinnen und Schüler einzuführen, die dreimal beim Rauchen erwischt wurden. Die Durchsetzung einer solchen Strafe ist kaum praktikabel und es wird Zeit für wichtigere Dinge vergeudet. Gelungene Prävention hält deutlich mehr Kinder und Jugendliche vom Rauchen ab als Strafen, die nur auf dem Papier stehen. Ich hoffe, ich konnte dir meinen Standpunkt nahebringen und dich davon überzeugen und bin gespannt darauf, wie die Entscheidung der Schulkonferenz ausfällt.

Herzliche Grüße
Max Müller

⓬ *Individuelle Lösungen*

⓭ *So könnte deine Lösung aussehen:*
Hallo Lisa,
bei uns in der Schule wird ja zurzeit in allen Gruppen heftig diskutiert, ob ein Bußgeld für Schülerinnen und Schüler durch das Ordnungsamt erhoben werden soll, wenn sie mehrfach von den Lehrerinnen und Lehrern beim Rauchen auf dem Schulgelände erwischt wurden. Du hast gemeinsam mit der SV alle Schülerinnen und Schüler aufgefordert, euch unsere Meinung zu dem Thema mitzuteilen, damit ihr unsere Interessen in der Schulkonferenz gut vertreten könnt. Ich bin in der 10. Klasse, rauche selbst und bin nicht nur aus persönlichen Gründen gegen ein Bußgeld von 60 € bei wiederholtem Rauchen auf dem Schulgelände. Meinen Standpunkt möchte ich dir nun ausführlicher darlegen:
Ein Argument für meine Ablehnung des Bußgeldes ist, dass meiner Auffassung nach die konsequente Anwendung schulinterner Bestrafungsmöglichkeiten ausreicht, um gegen rauchende Schülerinnen und Schüler vorzugehen. Diese müssten konsequent angewandt und genutzt werden, wenn man das Rauchen auf dem Schulgelände eindämmen möchte. Es ist für die Lehrerinnen und Lehrer zugegebenermaßen sehr aufwändig, die Raucherinnen und Raucher dingfest zu machen. Wenn dies gelingt, werden bereits jetzt Benachrichtigungen und Tadel an die Eltern abgeschickt und oft werden dann auch Maßnahmen wie Ordnungsdienste beim Hausmeister erlassen. Diese schrecken tatsächlich ab und haben ihre Wirkung auf die Raucherinnen und Raucher ein. Allerdings geschieht dies viel zu selten, was auf mein zweites Argument verweist.

Es ist weiterhin zu bedenken, dass bereits jetzt Maßnahmen gegen rauchende Schülerinnen und Schüler schwer anzuwenden sind. Das Auffinden, das namentliche Erfassen der Raucherinnen und Raucher, die die Lehrer nicht alle mit Namen kennen, und das Schreiben und Versenden von „Raucherbriefen" an die Eltern kostet sehr viel Zeit. Diese steht für wichtigere Dinge wie Streitschlichtung in den Pausen, andere Lehrer-Schüler-Gespräche oder außerunterrichtliche Projekte nicht mehr zur Verfügung. Der Zeitaufwand wird noch höher, wenn das Ordnungsamt mit eingeschaltet wird. Darüber hinaus zeigen neue Studien, dass die Zahl der Raucher rückläufig ist, sodass meiner Meinung nach der Aufwand für das Bußgeld im Verhältnis zum Nutzen viel zu hoch ist.
Die Befürworter des Bußgeldes werden sicherlich einwenden, dass in der Schule das Rauchverbot in öffentlichen Gebäuden umgesetzt werden muss wie in anderen öffentlichen Gebäuden auch, weil es Landes- und Bundesgesetz ist. Viele Eltern

werden sicherlich darauf verweisen, dass auf ihrer Arbeitsstelle schon seit Jahren das Rauchen nicht mehr geduldet wird und sie das Betriebsgebäude und -gelände verlassen müssen, wenn sie rauchen wollen. Diese Zeit zählt nicht als Arbeitszeit.

Dem möchte ich entgegenhalten, dass es in unserer Schule ja nicht grundsätzlich egal ist, ob Schülerinnen und Schüler in der Pause oder während des Unterrichts rauchen. Stichprobenartige Kontrollgänge auf den Toiletten während des Unterrichts durch den Hausmeister und eine Toilettenaufsicht in den Pausen (auch durch Schüler denkbar) halte ich allerdings für sinnvollere Maßnahmen. Auch die Schulhofausgänge könnten konsequenter kontrolliert werden.

Am wichtigsten erscheint mir, dass Aufklärung und Prävention für viel geeignete Maßnahmen sind, um das Rauchen einzudämmen. So kennen die meisten bestimmt noch den Versuch, den Herr Schneider immer in seinem Biologieunterricht durchführt: Er saugt den Rauch einer Zigarette durch den Wattebausch. Im Wattebausch verbleiben die Rückstände, die beim Rauchen in die Lunge gelangen. Das ist immer sehr anschaulich und zugleich abschreckend. Die meisten Schülerinnen und Schüler haben danach, zumindest erst einmal, keine Lust, mit dem Rauchen anzufangen. Auch die Aktion „Be smart – don´t start" fanden viele Mitschülerinnen und Mitschüler gut. Solche Aktionen sollten viel mehr gefördert werden, dann könnte man sich die Strafe sparen.

Als Konsequenz aus meinen Überlegungen ergibt sich für mich, dass es nicht sinnvoll ist, an unserer Schule ein Bußgeld für Schülerinnen und Schüler einzuführen, die dreimal beim Rauchen erwischt wurden. Die Durchsetzung einer solchen Strafe ist kaum praktikabel und es wird Zeit für wichtigere Dinge vergeudet. Gelungene Prävention hält deutlich mehr Kinder und Jugendliche vom Rauchen ab als Strafen, die nur auf dem Papier stehen. Ich hoffe, ich konnte dir meinen Standpunkt nahebringen und dich davon überzeugen und bin gespannt darauf, wie die Entscheidung der Schulkonferenz ausfällt.

Herzliche Grüße
Max Müller

Seite 45

❶ 4 → 7 → 5 → 3 → 1 → 10 → 9 → 6 → 2 → 8

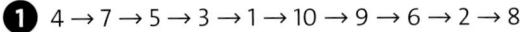

❷ die Notwendigkeit, den digitalen Konsum zu reglementieren (Z. 13–14): Es ist notwendig, Regeln für den Gebrauch von Handy, PC, X-Box und Playstation aufzustellen und die Dauer der Nutzung zu begrenzen.

Resignation (Z. 16): sich in sein Schicksal ergeben

kapitulieren (Z. 21): aufgeben

Sozialisation (Z. 35): Prozess der Einordnung in die Gesellschaft

medienabstinent aufwachsen (Z. 38): ohne Medien aufwachsen

phatische Funktion der Sprache (Z. 76): soziale, Gemeinschaft bildende Funktion von Sprache im Gegensatz zur reinen Informationsvermittlung

Seite 46

❸ *So könnte deine Lösung aussehen:*

Material 1
Titel: Ist das normal?

Thema: Ratschläge für Eltern zum Umgang mit Medien

Textsorte: Interview – Eltern befragen Experten

- Kinder brauchen Regeln im Umgang mit digitalen Medien
- Computerspiele gehören zu einer Kindheit dazu. Auch hier finden Kommunikation und soziales Miteinander statt.
- Kommunikation hat sich verändert,
- Handys ermöglichen die Beteiligung von abwesenden Personen an einem Treffen oder das geheime Führen von Gesprächen durch WhatsApp.
- Emojis und große Mengen an Kurznachrichten schaffen soziale Verbundenheit. => phatische Funktion der Sprache
- Rückversicherung von freundschaftlicher Verbundenheit in der Pubertät war immer wichtig, nur das Medium hat sich verändert.

Sorgen der Eltern:
- Regeln und Grenzen im Medienkonsum setzen
- Erziehung zu „Stubenhockern"
- Handy fördert oberflächliche Kommunikation

Material 2
Titel: Empfangsbereit

Thema: Internetnutzung von Jugendlichen pro Woche

Textsorte: Balkendiagramm
- in den Jahren 2002 bis 2015 stieg die Internetnutzung von Jugendlichen stark an.(7 =>18 Std/pro Woche)
- 99 % der Jugendlichen haben eine Möglichkeit, ins Internet zu gehen.

Material 3
Titel: Ich hänge im Netz doch nicht nur blöd ab

Thema: Umgang mit dem Netz
Textsorte: Erfahrungsbericht einer 14-Jährigen
- Internet informiert über interessante Dinge und Projekte von interessanten Leuten
- Nutzungsdauer kann schnell entgleiten „Zeitfresser" => aufgehört Bücher zu lesen => zwischendurch pausiert
- ab 22 Uhr Handy nicht mehr im Zimmer: tut gut
- Medium der Meinungsbildung und - äußerung: klickt bewusst Dinge nicht an, die sie ablehnt

Seite 47

 2. Frage: Ist mit dem Freund am Telefon „Minecraft" spielen „etwas zusammen machen"?
Sorge/Befürchtung: Ich mache mir Sorgen, dass mein Sohn ein Stubenhocker und Einzelgänger wird, wenn er zu viel „Minecraft" spielt.

3. Frage: Ist es o.k., wenn ich mich darüber aufrege, dass Jugendliche zusammensitzen, sich unterhalten und gleichzeitig über WhatsApp chatten?
Sorge/Befürchtung: Wenn sich die Jugendlichen in Gruppen unterhalten und gleichzeitig immer wieder das Handy nutzen, ist mir diese Kommunikation fremd. Ist das nicht schon gestörte Kommunikation?

4. Frage: Sind Smileys, Herzchen, Küsschen über WhatsApp nur oberflächlich oder werden hier Freundschaften gepflegt?
Sorge/Befürchtung: Bilder, Clips, Emojis und Kurznachrichten sind häufig ohne einen Sinn, der sich mir erschließt. Ich befürchte, dass meine Tochter nur oberflächlich kommuniziert.

Seite 48

 a)

	☺	☺	☹
das gemeinsame Thema der Texte benennen			
Kernaussagen von M1, M2 und M3 kurz zusammenfassen			
Sorgen und Befürchtungen der Eltern erläutern			
Ratschläge der Experten an die Eltern darstellen			
Tipps und Hinweise der Experten mit Aussagen der Schülerin vergleichen			
eigene Meinung zur Äußerung der Schülerin formulieren			

b) *So könnte deine Lösung aussehen:*
In den vorliegenden Materialien M1—M3 geht es um die Mediennutzung von Jugendlichen, besonders um die Nutzung des Handys. M1 ist ein Interview zwischen verunsicherten Eltern und Experten. Diese geben den Eltern Ratschläge zum Thema und klären auf. M2 ist ein Balkendiagramm zur Dauer der Internetnutzung von Jugendlichen im Vergleich der Jahre 2002, 2006, 2010 und 2015. M3 ist der Erfahrungsbericht eines 14-jährigen Mädchens, das sein Verhalten im Netz beschreibt und erklärt.
Allgemein wird deutlich, dass durch die Entwicklung des Smartphones in den letzten Jahren Internet- und Handynutzung als Begriffe fast synonym gebraucht werden können.

In dem Interview „Ist das normal?" (M1) stellen die Experten heraus, dass sich die Kommunikationsformen der Kinder und Jugendlichen in den letzten Jahren verändert haben. Diese Veränderungen sind nicht ausschließlich negativ zu sehen, sondern sie entsprechen vielfach einem altersgerechtem Verhalten. Gleichwohl plädieren die Experten für klare Regeln im Umgang mit den Medien.
Das Balkendiagramm „Empfangsbereit" (M2) gibt an, dass in den Jahren von 2002 bis 2015 die Internetnutzung von Jugendlichen stark angestiegen ist. Von ursprünglich 7 Stunden wöchentlich dehnte sich der Umfang der Nutzung auf 18 Stunden wöchentlich im Jahre 2015 aus. 99 % der Kinder sagten aus, Zugang zum Internet zu haben. Das heißt, die befragten Kinder haben flächendeckend und fast ausnahmslos Zugang ins Netz.
Im Text „Ich hänge im Netz doch nicht nur blöd ab" (M3) berichtet die 14-jährige Pia von ihren eigenen Erfahrungen mit dem Netz. Sie wehrt sich gegen die gängige Vorstellung der Erwachsenen, dass das Surfen im Netz nur Zeitverschwendung sei und dass Jugendliche über die Nutzung der virtuellen Welt ihre realen Freunde vernachlässigen (Z. 1—3). Vielmehr gibt sie an, dass man sich im Netz informieren kann, sich dort mit Freunden treffen kann, die man im hektischen Alltag nicht real trifft und durch „clicks" und „likes" aktiv an der politischen und gesellschaftlichen Meinungsbildung teilhaben kann (Z. 7—12). Sie gesteht allerdings auch ein, dass es ausgesprochen schwierig ist, sich selbst in der Nutzungsdauer zeitlich zu begrenzen, und dass ihr die Nutzungsregeln, die ihr durch ihre Eltern gesetzt wurden, hilfreich erscheinen.
In dieser Einschätzung stimmt sie mit den Experten aus M1 überein.

In Text M1 wird deutlich, dass die größte Sorge der Eltern ist, dass sich das Sozialverhalten ihrer Kinder durch die Nutzung der neuen Medien, vor allem durch das Surfen im Netz und das Spielen auf dem Handy, am Rechner oder dem Tablet, nachteilig verändert. So befürchten sie, dass ihr Kind ein „Stubenhocker" ohne Freunde (Z. 24−31) wird. Außerdem wird die Befürchtung deutlich, dass die Kommunikation verflacht. So formuliert die eine Frage diese Sorge durch die Wertung „schicken sich die Kinder einfach nur Smileys ..." (Z. 67). Die Eltern sehen auch, dass es sehr schwierig ist, im Umgang mit dem Handy Grenzen zu ziehen, und fragen sich, ob sie alle Verhaltensweisen ihrer Kinder kommentarlos akzeptieren sollen.

Die Experten klären in dem Interview darüber auf, dass sich durch die Möglichkeiten des Handys die Kommunikation grundsätzlich verändert hat. So können abwesende Personen an einem Treffen beteiligt werden (Z. 58−60). Außerdem können Nachrichten lautlos verschickt werden und so laufende Gespräche „im Geheimen" (Z. 61−62) kommentiert werden. Emojis und die Menge der Nachrichten, Bild- und Videobotschaften schaffen weiterhin eine Dimension von Sprache, die Erwachsenen weitgehend fremd ist, die „phatische Funktion". Die soziale Verbundenheit wird allein durch die Menge und die Auswahl der Bildsymbole ausgedrückt.
Außerdem werden die Online-Strategiespiele der Jungen von den Experten durchaus als vollwertige soziale Interaktion beurteilt.

Die Experten weisen bei aller Wertschätzung der Handynutzung von Jugendlichen darauf hin, dass klare Regeln und zeitliche Begrenzungen durch die erziehenden Erwachsenen notwendig sind (Z. 10−12). Diese gilt es auch gegenüber Widerständen durchzusetzen. Ausnahmen von diesen Regeln müssen möglich, sollen aber nachvollziehbar sein (Z. 15−23).

Diese Einschätzung teilt auch die Schülerin Pia in ihrer Stellungnahme M3. Sie bewertet es als positiv, dass sie ab 22 Uhr ihr Handy nicht mehr nutzen darf, und empfindet dies als Entlastung. Deshalb formuliert sie: „Und ehrlich gesagt, tut das auch ein bisschen gut". Die Schülerin hat selbst schon die Erfahrung gemacht, dass man durch das ständige Surfen im Internet andere Hobbies vernachlässigt. Dies hat sie jedoch selbst gemerkt und sich neben den Grenzen, die ihr die Eltern ohnehin auferlegen, durch das Löschen einer App Zeit für ihr Hobby zurückerobert.

Dieses Phänomen kenne ich auch. Gerade wenn ich mit Spiele-Apps beschäftigt bin, vergesse ich oft die Zeit. Eigentlich wollte ich mich nur kurz vom ganzen Alltagsstress erholen und dann will ich immer noch einen weiteren Level lösen. Ähnlich ergeht es mir mit Videos bei YouTube. Ich bekomme einen interessanten Link zugeschickt und klicke mich dann durch die Listen mit Videos, die mit angezeigt werden, durch. Von daher kann ich Pias Einschätzung, dass es schwer ist, die „Grenze zu finden" gut nachvollziehen. Bei mir zu Hause gab es lange Zeit auch klare zeitliche Begrenzungen. Allerdings ist es tatsächlich so, dass meine Eltern nicht vor 17.00 Uhr von der Arbeit wiederkommen. In dieser Zeit kann und konnte ich uneingeschränkt zocken und surfen und das kann dann auch keiner kontrollieren. Wenn ich dann abends noch auf der Play Station spielen wollte, habe ich einfach gesagt, dass ich noch Medienzeit habe, weil wir viele Hausaufgaben hatten und ich noch Fußballspielen war. Mittlerweile bin ich auch so alt, dass ich nicht möchte, dass sich meine Eltern da einmischen, solange es in der Schule einigermaßen läuft. Ich bin 16 Jahre alt, und wenn ich mit meinen Freunden am Wochenende die Nacht durchzocken will, finde ich das in Ordnung. Das sehen meine Eltern mittlerweile genauso. Bei meinem kleineren Bruder achte ich allerdings schon darauf, dass er nicht nur zockt, wenn meine Eltern nicht da sind. Da hat er als Kleiner Pech und wenn ich denke, es wird zu viel, gebe ich meinen Eltern einen Hinweis.

❶ c) *Individuelle Lösungen*

Seite 50

❶ Analysiere die Kurzgeschichte „Sommerschnee" von Tanja Zimmermann.
Gehe dabei so vor:
- Schreibe eine Einleitung, in der du Titel, Autor, Textart und das Thema formulierst.
- Fasse den Inhalt der Kurzgeschichte kurz zusammen.
- Charakterisiere die Ich-Erzählerin. Erläutere hier besonders ihr Verhalten, ihr Aussehen und ihre Gefühle und Gedanken.
- Eine Mitschülerin sagt über den Titel der Geschichte: „Der Titel passt gar nicht zur Geschichte, ich würde die Geschichte ‚Verlassen' nennen." Setze dich mit der Aussage auseinander und überlege, ob du ihre Einschätzungen teilst. Begründe deine Meinung und beziehe dich auf den Text.

❷ treffende Aussagen: a), c), f)

Seite 51

1 *Individuelle Lösungen*

2 **a)** Es regnet → Beleg: Zeile 2

b) Straßenbahn → Beleg: Zeile 8, Zeile 49

c) 17 Uhr → Beleg: Zeile 28

d) zu ihrem Freund → Beleg: Zeilen 18–19, Zeilen 26–27

e) Weil ihr Freund die am liebsten mag → Beleg: Zeile 21

Seite 52

3 b, c und e sind richtig.

4 **a)** → Zeilen 2–3

b) → Zeilen 6–8

c) → Zeile 1, Zeilen 11–12

d) → Zeilen 22–23

5 A Das Zitat passt, wie ich finde, sehr gut. Die Geschichte wird lediglich aus der Perspektive der Hauptfigur geschildert. Die Sicht des Freundes bleibt unbekannt. So erfährt der Leser erst im Nachhinein, dass dieser anders fühlt als die junge Frau und dass eine Beziehung zwischen den beiden so nicht möglich ist.

B Meiner Meinung nach passt dieses Zitat besonders gut. Durch die Ich-Erzählperspektive fällt es dem Leser sehr leicht, sich in die Sichtweise der Hauptfigur hineinzudenken. Es ist sehr einfach, aus dieser Sicht die Gedanken und Gefühle, die vielleicht jeder aus eigener Erfahrung kennt, nachzuvollziehen.

C Ich denke, dass dieses Zitat am ehesten zutrifft. Während die Hauptfigur am Anfang aufgrund ihrer Vorfreude noch übermütig ist, sich sicher fühlt und lacht, wenn andere schimpfen, ändert sich diese Haltung, als sie den Zettel ihres Freundes findet. Nach dieser großen Enttäuschung nimmt sie ihre Umgebung negativ wahr. Plötzlich stören sie die Nässe und Kälte, und anders als noch am Anfang der Geschichte lässt sie sich von der Bemerkung eines Mannes einschüchtern.

Seite 53

1

Gefühle und Reaktionen der Hauptfigur	Zeilen-angabe
Sie fühlt sich sicher, ihr kann nichts passieren.	6–8
Sie verhält sich übermütig.	13, 23–24
Sie ist aufgeregt, ängstlich und fröhlich zugleich.	30–34
Sie ist enttäuscht.	47–49

2 (siehe Tabelle zu Aufgabe 3)

3

Textstelle	Zeilen-angabe	Schlussfolgerung
Mir ist alles so egal, ich fühle mich gut.	Zeile 1	Figur ist unbeschwert und glücklich, nichts kann sie aufregen
Der Regen macht mir nichts aus, meine Stiefel sind durchweicht.	Zeile 2	Figur ist gelassen, Banales oder Unbequemlichkeiten stören sie nicht
Ich hab keine Angst […], fühle mich sicher, mir kann nichts passieren!	Zeilen 5–6	Figur fühlt sich in diesem Moment sicher und mutig
Die Leute fluchen, beschimpfen den Fahrer. Ich lache.	Zeilen 9–10, Zeilen 22–24	Figur lässt sich durch nichts aus der Ruhe bringen, reagiert auch auf ärgerliche oder erschreckende Ereignisse positiv
[…] ich lasse mich treiben, bin glücklich, denke nur an dich! An der Ampel merke ich, dass ich zu laut singe.	Zeilen 11–13	Figur ist überschwänglich vor Glück, es ist egal, was Passanten von ihr denken; Singen kann für Glücksgefühl oder Unsicherheit stehen

[...] ich bin klatsch-nass, meine weiße Hose ist nach fünf Tagen eher dunkel-grau, doch ich weiß, dass sie dir gefällt. Meine Haare hän-gen nass und strähnig auf meine Schultern. Du hast gesagt, du hast dich schon am ersten Tag in mich verliebt, und da hatte ich auch nasse Haare.	Zeilen 15–19	Figur ist sich ihres Aussehens bewusst, hat schulterlange Haare und trägt abgetragene Kleidung
[...] leiste mir eine Packung Filter-ziga-retten, kaufe wel-che, die mir zu leicht sind, die du am liebsten magst.	Zeilen 20–21	Figur lässt sich von der Meinung ihres Freundes beein-flussen, unsiche-rer Charakter oder einfach verliebt?
An einem Schau-fenster bleibe ich trotzdem stehen [...], will dir ja gefal-len. Ich will dir ja sogar sehr gefallen!	Zeilen 24–27	Meinung ihres Freundes bedeu-tet ihr viel, ihre Unsicherheit ist erkennbar
Aber ich will dich nicht warten lassen, ich kann das auch nicht. Ich werde dann von Minute zu Minute nervöser, also laufe ich.	Zeilen 29–31	Figur ist ungedul-dig und aufgeregt, überspielt ihre Angst, indem sie schneller läuft
Und meine Freude, dich zu sehen, ist endgültig Sieger über meine Angst.	Zeilen 33–34	Figur ist unsicher in ihren Gefühlen, aber überwindet die Angst
[...] verschwimmen zu einem nerv-tötenden, Angst einjagenden Ein-heitsgeräusch.	Zeilen 39–42	Figur ist scho-ckiert, Panik und Angstgefühl → Figur normaler-weise nicht so positiv und selbst-sicher wie zu Beginn der Geschichte?
Wie eine alte Frau gehe ich [...].	Zeilen 43–45	fühlt sich schwach, nieder-geschlagen und verletzt

Verschüchtert stehe ich in der Ecke [...].	Zeile 47	Figur reagiert ängstlich und unsicher → Selbst-wahrnehmung und Selbstbe-wusstsein sind von ihrem Gefühls-zustand abhängig

Seite 55

4 **a)** und **b)** *So könnte deine Lösung aussehen:*

Allgemeine Angaben:
• weiblich
• junge Erwachsene
• verliebt

Verhalten:
• orientiert sich in ihren Vorlieben an ihrem Freund
• Verhalten abhängig von ihren Gefühlen: singt zunächst laut, lacht, später niederge-drückt und schüchtern

Hauptfigur

Aussehen:
• schulterlanges, nasses Haar
• mehrfach getragene, weiße Hose
• trägt Stiefel

Lebensumstände:
• lebt in Stadt
• raucht stärkere Zigaretten

Eigenschaften/Gefühle:
• Gefühle sind stark abhängig von ihrer Liebesbeziehung
• Figur ist erst unbeschwert und glücklich, dann ängstlich und unsicher
• kaum selbstbewusst
• Wahrnehmung ist von ihrem Gefühlszustand beeinflusst

5 *So könnte deine Lösung aussehen:*
Ich glaube, die Hauptfigur ist eine unsichere Per-son. Ihre Wahrnehmung ist sehr von ihren starken Gefühlen geprägt. Einerseits freut sie sich auf ihren Freund, andererseits hat sie Angst. Nach-dem sie die Nachricht gelesen hat, schlagen die positiven Gefühle um und ihre Umgebung wird beängstigend. In ihren eigenen Vorlieben orien-tiert sie sich sehr an ihrem Freund, dem sie gefal-len will. Allerdings verhält sich die Figur so, weil sie sehr verliebt ist. Das kann ich nachvollziehen.

Seite 56

1 Einleitung:
• Nennung von Titel, Autor, Textsorte und Thema (TATT)
• Allgemeine Angaben zur Figur
• Ausgangssituation der Figur

Hauptteil:
• Beschreibung körperlicher Merkmale
• Beschreibung der Kleidung
• Darstellung des Verhaltens
• Darstellung der Gefühle
• Aussagen zum Charakter

Schluss:
• Beurteilung der Figur mit Begründung

❷ (1) Allgemeine Angaben

(2) Lebensumstände

(3) Aussehen

(4) Verhalten

(5) Eigenschaften/Gefühle

Seite 57

❶ *So könnte deine Lösung aussehen:*
In der Kurzgeschichte „Sommerschnee" von Tanja Zimmermann geht es um die wechselhaften Gefühle einer jungen Frau, die verliebt ist. Die Frau lebt in einer Stadt und ist auf dem Weg zu ihrem Freund.

❷ **a)** und **b)**
(A) Im Text wird mehrfach deutlich, dass die junge Frau zwar glücklich, aber auch unsicher und nervös ist. In Zeile 13 heißt es: „An der Ampel merke ich, dass ich zu laut singe." Vermutlich singt sie vor Glück, aber es kann auch sein, dass sie sich auf diese Weise Mut machen will. Auch der Satz „An einem Schaufenster bleibe ich trotzdem stehen, zupfe an meinen Haaren herum […]" (Z. 24–26) weist auf ihre Nervosität hin.

(B) Im Text wird gezeigt, dass die junge Frau einerseits glücklich, andererseits aber auch unsicher und nervös ist. So merkt sie selbst, dass sie an der Ampel zu laut singt (vgl. Z. 13). Man vermutet, dass sie vor Glück singt, vielleicht aber auch, um ihre Angst zu überspielen. In Zeile 24–26 wird weiterhin beschrieben, wie sie trotz der Eile am Schaufenster stehen bleibt, um noch einmal ihre Haare zu prüfen.

Seite 58

❷ **c)** *So könnte deine Lösung aussehen:*
1. Die Figur behauptet: „Mir ist alles so egal, ich fühle mich gut." (Z. 1) Dieser Satz lässt erkennen, dass die Figur unbeschwert ist.
2. In den Zeilen 9–10 liest man, dass die Leute fluchen und den Fahrer beschimpfen, während die Hauptfigur nur lacht. An dieser Textstelle erkennt man, dass die Figur ihre Situation anders wahrnimmt als ihre Mitmenschen.
3. Die Figur scheint unkonzentriert zu sein, denn ein wütender Autofahrer, brüllt sie an, ob sie „Tomaten auf den Augen" (Z. 22–23) habe.

❸ **a)** und **b)** *So könnte deine Lösung aussehen:*
A Meiner Ansicht nach ist das Verhalten der Hauptfigur von Angst geprägt. Trotz ihrer großen Vorfreude auf das Treffen ist sie im ersten Teil der Erzählung auch ängstlich, dass sie zu spät kommen oder ihrem Freund nicht gefallen könnte. Nachdem sie den Zettel gelesen hat, empfindet sie weiter Angst, was daran deutlich wird, dass sie die Geräusche ihrer Umgebung als „Angst einjagend" empfindet (vgl. Z. 39–42).

B Das Verhalten und die Gefühle der Hauptfigur kann wohl jeder, der schon einmal verliebt war, nachvollziehen. Wenn man verliebt ist, ist der Freund oder die Freundin die wichtigste Sache der Welt, alles andere erscheint plötzlich banal. Dabei ist man gefühlsmäßig stark abhängig von dem Partner oder der Partnerin. Diesen Zustand beschreibt die Erzählung sehr anschaulich.

C Trotz ihrer Vorfreude scheint die Hauptfigur im ersten Teil der Erzählung auch unsicher. Sie singt laut, wie um sich Mut zu machen (vgl. Z. 13). Sie nimmt wahr, wenn andere Passanten sie anschauen (vgl. Z. 14–15). Sie macht sich Sorgen darüber, ob ihr Äußeres ihrem Freund gefällt. Sie will ihn auf keinen Fall verärgern oder enttäuschen und richtet sich ganz nach ihm. Nach der großen Enttäuschung verliert sie ihr Selbstbewusstsein, verschüchtert wartet sie auf die Bahn (vgl. Z. 47–49). Es bleibt offen, ob diese Unsicherheit nur an ihrer Verliebtheit liegt, oder ob es sich um einen generellen Charakterzug der Figur handelt.

❹ *So könnte deine Lösung aussehen:*
In der Kurzgeschichte „Sommerschnee" von Tanja Zimmermann geht es um das unerwartete Ende einer Beziehung.
Im Mittelpunkt steht die Ich-Erzählerin. Diese wird von ihren Gefühlen zu ihrem Freund geleitet, jedoch beendet dieser mit einem Zettel an seiner Tür die Beziehung.
Im Folgenden wird die Ich-Erzählerin charakterisiert, besonders stehen hier ihr Aussehen, Verhalten und ihre Gedanken und Gefühle im Mittelpunkt.
Als allgemeine Angabe lässt sich einleitend sagen, dass es sich um eine weibliche Figur handelt, die auf dem Weg zu ihrem Freund ist (vgl. Z. 2–3, Z. 12). Das Wetter zum Zeitpunkt des Geschehens ist schlecht, es regnet, wie in Zeile 2 beschrieben. Die Ich-Erzählerin ist mit der Bahn unterwegs (vgl. Z. 3) und geht den Rest des Weges zu Fuß.
An verschiedenen Stellen erfährt der Leser etwas über das Aussehen der Hauptfigur. Da es an dem Tag des Geschehens regnet, sind ihre Haare und Stiefel nass. Ersichtlich wird dies besonders in den Zeilen 2 und 15–17. Anhand der Aussage „Meine Haare hängen nass auf meinen Schultern" (Z. 17) kann davon ausgegangen werden,

dass die Erzählerin schulterlange Haare hat. An diesem Tag trägt sie eine weiße Hose, die „nach fünf Tagen eher dunkelgrau" (Z. 16) ist, und trägt dazu Stiefel, worüber sie ihre Hose zieht (Z. 26). Besonders auffällig sind die Gefühle der Ich-Erzählerin, sowohl auf sprachlicher als auch auf inhaltlicher Ebene. Anhand von kurzen und längeren Einschüben erfährt der Leser in der ganzen Kurzgeschichte etwas über die Gefühlswelt der Erzählerin. Schon in Zeile 1 ist dies deutlich. Hier erfährt man, dass sie sich gut fühlt und dass ihre Gefühle sie ihre Umwelt abgeschwächter wahrnehmen lassen. Diese Vorgehensweise der Autorin zieht sich durch den Text, wie beispielsweise in den Zeilen 5, 10 oder 12 erkennbar. Bis zu Zeile 34, bis sie letztendlich bei ihrem Freund ankommt, ist die Figur glücklich. Man könnte fast sagen, dass sie einen unbeschwerten Blick auf alles hat. Anders ausgedrückt, sie trägt eine rosarote Brille. Als sie dann bei ihrem Freund ankommt, verwandeln sich ihre positiven Gefühle in negative. Sie nimmt ab diesem Zeitpunkt ihre Umwelt wahr. Erkennbar ist dies unter anderem an den Geräuschen (vgl. Z. 39–42), die ihr jetzt erst als störend auffallen. Anhand der Zeile 47 („Verschüchtert stehe ich in der Ecke [...]") ist dieser Bruch am deutlichsten.

Dieser Umstand lässt auch Rückschlüsse auf ihr Verhalten zu. Nachdem sie den Zettel gelesen hat, trifft sie die Realität wie ein Schlag. Dies ist nicht nur anhand ihrer Gefühlswelt erkennbar, sondern auch an ihrem Verhalten. In Zeile 38 erfahren wir, dass sie so verstört ist, dass die brennende Zigarette Wunden auf ihrer Haut hinterlässt. Ihre Umwelt drängt zudem so auf sie ein, dass sie „wie eine alte Frau [...]" (Z. 43) geht und dass ihr der Weg endlos vorkommt. Im letzten Teil der Geschichte hat sich ihr Verhalten also gewandelt, da sie nicht mehr von ihren positiven Gefühlen getrieben ist. Im ersten Teil hingegen (bis Z. 33) verhält sie sich von ihren Gefühlen entsprechend angetrieben. Sie benimmt sich zum einen dadurch sehr leichtsinnig. Der Satz „Ein wütender Autofahrer brüllt, ob ich Tomaten auf den Augen hätte" (Z. 22–23) lässt erkennen, dass die Figur unkonzentriert ist und vor ein Auto läuft. Zum anderen will sie es ihrem Freund recht machen. Erkennbar ist dies besonders in den Zeilen 20 und 21. Hier kauft sie Zigaretten, die *er* am liebsten mag. Diesbezüglich kann auch auf die Zeilen 24 und 27 verwiesen werden. An dieser Stelle macht sie sich zurecht, weil sie ihrem Freund gefallen will. Abschließend muss auf die Zeilen 28–33 aufmerksam gemacht werden: Die Ich-Erzählerin hält hier die Zeit der Verabredung ein und will nicht zu spät kommen, außerdem klingelt sie genau fünfmal wie vereinbart.

Anhand der aufgeführten Aspekte kann über den Charakter der Ich-Erzählerin gesagt werden, dass sie sehr treu und pflichtbewusst ist. Allerdings kann sie auch als gutgläubig und leicht beeinflussbar von ihren Gefühlen betitelt werden. Das Verhalten und die Gefühle der Hauptfigur kann ich leicht nachvollziehen. Die Hauptfigur scheint sehr verliebt zu sein. Diese Verliebtheit löst bei ihr viele andere positive Gefühle aus, die sie ihre Umwelt anders wahrnehmen lassen als ihre Mitmenschen. Auch ich kenne diesen Gefühlszustand. Wenn ich sehr glücklich bin, nehme ich alles um mich herum positiver wahr als sonst. Mich kann dann so schnell nichts aus der Fassung bringen, so wie es auch bei der Ich-Erzählerin ist. In der Kurzgeschichte möchte die Hauptfigur schnell zu ihrem Freund und verhält sich dementsprechend. Sie möchte gut aussehen und es ihm generell recht machen. Auch dieses Verhalten kann ich persönlich nachvollziehen und würde wahrscheinlich in ihrer Situation ähnlich handeln. Manchmal treiben uns unsere Gefühle also voran und nehmen uns die Sicht auf die Realität.

Seite 59

1 a) *So könnte deine Lösung aussehen:*
Gegensatz, Kontrast, Jahreszeiten, Wetter, unrealistisch, unmöglich, Märchen, warm – kalt

b) *So könnte deine Lösung aussehen:*
Meiner Meinung nach passt der Titel zu der Kurzgeschichte, weil er aus einem Gegensatz besteht: Sommer und Schnee haben eigentlich nicht viel miteinander zu tun, darin spiegeln sich die konträren Gefühle der Ich-Erzählerin wider. Auf dem Weg zu ihrem Freund ist sie glücklich, furchtlos und selbstbewusst. Dieser Teil steht für den Sommer. Ab dem Wendepunkt kommt sie in die Realität zurück. Zum Ende der Geschichte passt der Schnee. Sie kommt auf eine heftige Art und Weise in der Realität an, sodass sie sich unter anderem der Auswirkungen des Regens bewusst wird. Ihr ist am Ende sehr kalt, auf diesen Umstand kann der Schnee bezogen werden. Meiner Meinung nach passt der Titel, weil er den Leser zum Nachdenken anregt. Er kann auf verschiedene Weise interpretiert werden.

2 *So könnte deine Lösung aussehen:*
Meiner Meinung nach passt der alternative Titel nicht zur Kurzgeschichte, weil er dem Leser die Spannung nimmt. Eine Kurzgeschichte lebt von einem Wendepunkt und einem überraschenden Ende. Da die Hauptfigur so auf das Treffen mit ihrem Freund fixiert ist und der Leser nicht erwartet, dass dieser sie verlassen wird, würde mit dem Titel „Verlassen" die Spannungskurve viel niedriger verlaufen als ohne. Auch kommt in ihm nicht der Gegensatz der Gefühle der Ich-Erzählerin zur Geltung, der meiner Meinung nach für die Kurzgeschichte besonders wichtig und charakteristisch ist.

1 *Individuelle Lösungen*

Seite 61

1 Analysiere das Gedicht „Sachliche Romanze" von Erich Kästner.
Gehe dabei so vor:
- Schreibe eine Einleitung, in der du Titel, Autor, Textart und das Thema formulierst.
- Fasse den Inhalt des Gedichts kurz zusammen.
- Stelle die Beziehung des Paares dar. Gehe hier besonders auf die sprachliche Gestaltung ein.
- Erläutere den Titel des Gedichts. Berücksichtige hier die inhaltlichen und sprachlichen Elemente.
- Eine Mitschülerin kommentiert die Frau in dem Gedicht mit: „Ich finde es total feige, dass die Frau nichts sagt. Ich würde doch über meine Gefühle sprechen." Setze dich mit der Aussage auseinander und überlege, ob du ihre Einschätzungen teilst. Begründe deine Meinung und beziehe dich auf den Text.

2 *So könnte deine Lösung aussehen:*
<u>Inhalt</u>: Beziehung eines Paares, die Liebe ist weg, sie versuchen normal weiterzuleben
<u>Sprache</u>: sehr nüchtern, keine Besonderheiten oder Auffälligkeiten, keine Namen (nur *sie* und *er*)

3 richtig: c)

4 richtig: b), c), e)   falsch: a), d), f), g)

Seite 62

5 1. Strophe: Nach acht Jahren Beziehung ist die Liebe nicht mehr da.
2. Strophe: Das Paar versucht die Situation zu überspielen.
3. Strophe: Das Leben geht trotz der schwierigen Umstände weiter.
4. Strophe: Beide können den Zustand ihrer Beziehung nicht fassen.

1

Angaben zum Gedicht	
Titel	Sachliche Romanze
Autor	Erich Kästner
Jahr	1920
Textart	Gedicht
Thema	Das unterdrückte Ende einer Beziehung
Äußere Form	
Anzahl der Strophen	4
Anzahl der Verse	15
Auffälligkeit	4. Strophe besteht aus 5 statt 4 Versen
Reimschema	Kreuzreim

1 *So könnte deine Lösung aussehen:*
Als sie einander acht Jahre kannten
(und man darf sagen sie kannten sich gut),
kam ihre Liebe plötzlich abhanden.
Wie andern Leuten ein Stock oder Hut.

Sie waren traurig, betrugen sich heiter,
versuchten Küsse, als ob nichts sei,
und sahen sich an und wussten nicht weiter.
Da weinte sie schließlich. Und er stand dabei.

Vom Fenster aus konnte man Schiffen winken.
Er sagt, es wäre schon Viertel nach vier
und Zeit, irgendwo Kaffee zu trinken.
Nebenan übte ein Mensch Klavier.

Sie gingen ins kleinste Café am Ort
und rührten in ihren Tassen.
Am Abend saßen sie immer noch dort.
Sie saßen allein, und sie sprachen kein Wort
und konnten es einfach nicht fassen.

Nach acht Jahren Beziehung ist Liebe weg
Von jetzt auf gleich
Liebe verloren, einfach weg

Gute Miene zeigen
Beide kennen ihr Problem, sie wollen Zustand überspielen
Sie zeigt Gefühle, er nicht

Das Leben zieht vorbei
Sie sind im normalen Leben gefangen
Das Leben geht bei anderen weiter

Sie lenken sich ab
Die Zeit vergeht, wie in ihrer Beziehung
Beiden ist der Zustand bewusst, keine Aussprache
Festgefahrene Situation

2 In dem Gedicht „Sachliche Romanze" von Erich Kästner aus dem Jahr 1920 geht es um das unterdrückte Ende einer Beziehung.
Das Gedicht besteht aus vier Strophen mit jeweils vier Versen. Als Ausnahme ist hier allerdings die vierte Strophe zu nennen, da diese nicht aus vier, sondern aus fünf Versen besteht. Das zugrundeliegende Reimschema ist der Kreuzreim, zu erkennen an dem Muster abab (siehe erste Strophe). Dieses Schema zieht sich durch das gesamte Gedicht.

3 In den vier Strophen schildert der Dichter den Umgang eines Paares mit dem Ende ihrer Liebe. Die Liebe des Paares, welches seit acht Jahren zusammen ist, ist plötzlich nicht mehr da. Die beiden überspielen diesen Umstand und sprechen nicht über ihr Problem. Während das normale Leben weitergeht, sind sie mit ihrem unterdrückten Problem allein. Sie können den Umstand zwar nicht fassen, verbringen jedoch viel Zeit zusammen, in der sie sich nicht unterhalten.

Seite 63

1 *So könnte deine Lösung aussehen:*
Die Definition trifft meiner Meinung nach auf das vorliegende Gedicht zu, da die Aussage des Gedichts sehr klar formuliert ist und das Gedicht somit zugänglich ist. Allerdings befasst sich das Gedicht nicht mit einem Problem, das es nur zu seiner Entstehungszeit gab – das Ende einer Liebe ist ein zeitloses Thema.

2 *So könnte deine Lösung aussehen:*
In diesem Gedicht gibt es keine sprachlichen Mittel, da das Gedicht durch seine Nüchternheit die Beziehungsebene des Paares ausdrücken will. Der Dichter erläutert auf diese Weise mithilfe des Verzichts auf Metaphern oder Personifikationen die Realität – nämlich, dass die Liebe am Ende ist.

Das Reimschema, das heißt der Kreuzreim, passt zur Beziehung des Paares, da sie sehr kompliziert ist. Der Kreuzreim steht hier symbolisch für eine verzwickte Lage und etwas Unpassendes bzw. Durcheinandergeratenes.

3

Länge der Beziehung	V. 1: acht Jahre
Intensität der Beziehung	V. 2: sie kannten sich gut, Umstand wird extra erwähnt und wird durch Klammern eingeschoben, sodass es optisch hervor sticht
Problem	V. 3–4: die Liebe ist weg
Umgang mit dem Problem (I)	V. 5–8: das Paar hat den Umstand erkannt, überspielt ihn aber
Gewohnheit der beiden	V. 10–11: Kaffeetrinken
Umgang mit dem Problem (II)	V. 16–17: gegenseitiges Anschweigen, Fassungslosigkeit

Seite 64

4 *So könnte deine Lösung aussehen:*
Die Beziehung des Paares wirkt auf mich sehr einfach, wenig tiefgründig. Die beiden leben ihr gewohntes Leben weiter, ohne über ihre Probleme zu sprechen und ohne aufeinander einzugehen. Belegbar ist dies anhand der nüchternen Ausdrucksweise. Einerseits verzichtet der Dichter auf sprachliche Mittel und andererseits auf Adjektive oder anschauliche/lebhafte Verben. Die meisten Sätze beginnen mit einem Personalpronomen. Es macht den Eindruck, als ob hier das Pronomen „Er" vorherrscht. Aus diesem Umstand lässt sich ableiten, dass der Mann in der Beziehung der dominantere ist. Der Inhalt des Verses 8 bestätigt diese Annahme. Auffällig ist der häufige Gebrauch der Konjunktion „und". Dies Sätze wirken so sehr einfach und gleich. Hier werden inhaltliche Aspekte nur aneinandergereiht, nicht ausgeschmückt und vermitteln auch auf diese Weise einen nüchternen und sachlichen Eindruck.

Seite 65

5 b) *So könnte deine Lösung aussehen:*
rot = grau hinterlegt, blau = unterstrichen

Als sie einander acht Jahre kannten
(und man darf sagen sie kannten sich gut),
kam ihre Liebe plötzlich abhanden.
Wie andern Leuten ein Stock oder Hut.

Sie waren traurig, betrugen sich heiter,
versuchten Küsse, als ob nichts sei,
und sahen sich an und wussten nicht weiter.
Da weinte sie schließlich. Und er stand dabei.

Vom Fenster aus konnte man Schiffen winken.
Er sagt, es wäre schon Viertel nach vier
und Zeit, irgendwo Kaffee zu trinken.
Nebenan übte ein Mensch Klavier.

Sie gingen ins kleinste Café am Ort
und rührten in ihren Tassen.
Am Abend saßen sie immer noch dort.
Sie saßen allein, und sie sprachen kein Wort
und konnten es einfach nicht fassen.

c) *So könnte deine Lösung aussehen:*
Wie bereits dargestellt, wirkt das Gedicht aufgrund der sprachlichen Gestaltung sachlich. Dieser Umstand ist aber auch an inhaltlichen Aspekten belegbar. Besonders deutlich wird dies in Vers 8. Hier geht es darum, dass sie anfängt zu weinen und er danebensteht. Ohne weitere Ausschmückungen wird diese Situation beschrieben, so hat der Leser ein entsprechendes Bild im Kopf, welches von zusätzlicher Traurigkeit geprägt ist.

Auch in den Versen 16 und 17 ist dies zu erkennen. Wieder erzeugt die Sachlichkeit ein tristes Bild. Die beiden sitzen alleine zusammen und sprechen nicht miteinander über die Situation und ihre Gefühle.

So könnte deine Lösung aussehen:
Die Situation des Paares macht zusätzlich den Eindruck, als ob sie ihrer Liebe nachtrauern, ob bewusst oder unbewusst. Beiden ist klar, dass ihre Beziehung am Ende ist, doch das, was einmal zwischen ihnen war, lässt die beiden trauern. In diesem Gedicht gibt es zwar keinen Helden, jedoch kann abgeleitet werden, dass die Liebe ein Abenteuer ist. Man weiß nie, was in einer Beziehung passiert. Bei dem Paar hier ist das Abenteuer der Liebe leider nicht gut ausgegangen und daher ist die Situation umso unfassbarer für sie, weil sie vorher umso glücklicher gewesen sein könnten. Das Gedicht hat also auch etwas Tragisches an sich.

6 *So könnte deine Lösung aussehen:*
Das Oxymoron im Titel des Gedichts besteht aus dem Gegensatz der Wörter „sachlich" und „Romanze". Diese Verbindung zweier Vorstellungen schließt sich gegenseitig aus. Eine Romanze hat nichts mit Sachlichkeit zu tun und umgekehrt ist es entsprechend genauso. Und doch wählt Erich Kästner den Titel ganz bewusst, um dem Leser die festgefahrene Situation des Paares und die Tragik darin auf eigenartige Weise sprachlich zu vermitteln.

Seite 66

1 *So könnte deine Lösung aussehen:*
a) Beide sind traurig, zeigen aber ihre Gefühle nicht. Sie überspielen die Situation mit Küssen und machen sich etwas vor.

b) An dieser Stelle zeigt die Frau ihre Gefühle ganz deutlich, wird jedoch von ihrem Partner nicht beachtet.

c) Es scheint, als ob die beiden öfter Kaffee trinken gehen. An dieser Stelle entscheidet der Mann, dass die beiden gehen. Auf die Bedürfnisse der Frau geht er hier nicht ein.

2 *So könnte deine Lösung aussehen:*
a) *Wenn ich weine*, dann zeige ich offen meine Gefühle. Ich möchte verstanden und getröstet werden. Manchmal möchte ich dann aber auch einfach nur meine Ruhe haben.

b) Wenn ich mich an etwas gewöhnt habe, dann verliere ich oft den Blick fürs Wesentliche. Aus einem festgefahrenen Alltagstrott kann man schwer wieder ausbrechen.

c) Wenn mir etwas *sehr wichtig ist, dann* kämpfe ich dafür.

3 *Individuelle Lösungen*

Seite 67

1 *Individuelle Lösungen*

Seite 60–67 (ganzes Kapitel)
Musterlösung Analyse
In dem Gedicht „Sachliche Romanze" von Erich Kästner aus dem Jahr 1920 geht es um das unterdrückte Ende einer Beziehung.
Das Gedicht besteht aus vier Strophen á vier Versen. Als Ausnahme ist hier allerdings die vierte Strophe zu nennen, da diese nicht aus vier, sondern aus fünf Versen besteht. Das zugrunde liegende Reimschema ist der Kreuzreim, zu erkennen an dem Muster *abab*. Dieses Schema zieht sich durch das gesamte Gedicht. In den vier Strophen schildert der Dichter den Umgang eines Paares, das seit acht Jahren zusammen ist, mit dem Ende ihrer Liebe. Die Liebe des Paares ist plötzlich nicht mehr da. Die beiden überspielen diesen Umstand und sprechen nicht über ihr Problem. Während das normale Leben weitergeht, sind sie mit ihrem unterdrückten Problem allein. Sie können die Veränderung zwar nicht fassen, verbringen jedoch viel Zeit zusammen, in der sie sich nicht unterhalten.

Die Beziehung des Paares kann anhand von sprachlichen und inhaltlichen Aspekten analysiert werden. In diesem Gedicht gibt es keine sprachlichen Mittel, da das Gedicht durch seine Nüchternheit die Beziehungsebene des Paares ausdrücken will. Der Dichter erläutert auf diese Weise mithilfe des Verzichts auf Metaphern oder Personifikationen die Realität, nämlich, dass die Liebe am Ende ist.

Das Kreuzschema sagt über die Beziehung des Paares aus, dass sie sehr kompliziert ist. Der Kreuzreim steht hier symbolisch für eine verzwickte Lage und etwas Unpassendes bzw. Durcheinandergeratenes.

Die Beziehung des Paares wirkt sehr einfach, wenig tiefgründig. Die beiden leben ihr gewohntes Leben weiter, ohne über ihre Probleme zu sprechen und ohne aufeinander einzugehen. Belegbar ist dies anhand der nüchternen Ausdrucksweise. Einerseits verzichtet der Dichter auf sprachliche Mittel und andererseits auf Adjektive oder anschauliche/lebhafte Verben. Die meisten Sätze beginnen mit einem Personalpronomen. Es macht den Eindruck, als ob hier das Pronomen „Er" vorherrscht. Aus diesem Umstand lässt sich ableiten, dass der Mann in der Beziehung der Dominantere ist. Der Inhalt des Verses 8 bestätigt diese Annahme („Und er stand dabei."). Auffällig ist der häufige Gebrauch der Konjunktion „und". Die Sätze wirken so sehr einfach und gleich. Hier werden inhaltliche Aspekte nur aneinandergereiht, nicht ausgeschmückt und vermitteln auch auf diese Weise einen nüchternen und sachlichen Eindruck.

Auch der Titel des Gedichts gibt Hinweise auf die Beziehung der beiden.

Wie bereits dargestellt, wirkt das Gedicht aufgrund der sprachlichen Gestaltung sachlich. Dieser Umstand ist aber auch an inhaltlichen Aspekten belegbar. Besonders deutlich wird dies in Vers 8. Hier geht es darum, dass sie anfängt zu weinen und er danebensteht. Ohne weitere Ausschmückungen wird diese Situation beschrieben, so hat der Leser ein entsprechendes Bild im Kopf, welches von zusätzlicher Traurigkeit geprägt ist.

Auch in Vers 16 ist dies zu erkennen. Wieder erzeugt die Sachlichkeit ein tristes Bild. Die beiden sitzen alleine zusammen und sprechen nicht miteinander. Es wird weder erwähnt, wie die Stimmung ist, noch, wie es den beiden geht. Und doch wird hier bildlich gesprochen, aber auch sachlicher Ebene.

Die Situation des Paares macht zusätzlich den Eindruck, als ob sie ihrer Liebe nachtrauern, ob bewusst oder unbewusst. Beiden ist klar, dass ihre Beziehung am Ende ist, doch das was einmal zwischen ihnen war lässt die beiden trauern. In diesem Gedicht gibt es zwar keinen Helden, jedoch kann abgeleitet werden, dass die Liebe ein Abenteuer ist. Man weiß nie, was in einer Beziehung passiert. Bei dem Paar hier ist das Abenteuer der Liebe leider nicht gut ausgegangen und daher ist die Situation umso unfassbarer für sie, weil sie vorher umso glücklicher gewesen sein könn-

ten. Das Gedicht hat also auch etwas Tragisches an sich.

Zusammenfassend lässt sich an dieser Stelle feststellen, dass das Oxymoron im Titel des Gedichts aus dem Gegensatz der Wörter „sachlich" und „Romanze" besteht. Diese zwei Vorstellungen schließen sich gegenseitig aus. Eine Romanze hat nichts mit Sachlichkeit zu tun und umgekehrt ist es entsprechend genauso. Und doch wählt Erich Kästner den Titel ganz bewusst, um dem Leser die festgefahrene Situation des Paares und die Tragik darin auf eigenartige Weise bildlich darzubieten.

Der Aussage der Mitschülerin würde ich zustimmen, allerdings nur bedingt. Zum einen finde ich es auch feige, dass die Frau nichts sagt. Sie steht im Text völlig im Hintergrund und wird auch nicht beachtet, als sie ihre Gefühle zeigt (V. 8). Die Stille, die zwischen den beiden herrscht, würde ich nicht aushalten. Immer einer so drückenden Stimmung ausgesetzt zu sein und so zu tun, als ob nichts wäre, würde mir sehr schwerfallen. Zum anderen jedoch trägt die Frau vielleicht noch ein kleines bisschen Hoffnung in sich. Schließlich sind die beiden eine lange Zeit zusammen und haben, wie es scheint, schon viel zusammen erlebt (V. 2). Die Beziehung der beiden scheint so normal geworden zu sein und fest zu ihrem Leben dazuzugehören, sodass sie sich davon nicht trennen will. Es gibt bestimmt viele Rituale, die sich eingespielt haben, und auch noch gute Zeiten zusammen, sodass sie sich noch nicht traut, sich davon zu trennen.

Resümierend lässt sich konstatieren, dass es Erich Kästner gelungen ist, zwei nicht zueinanderpassende Umstände miteinander zu kombinieren und dem Leser auf diese Weise ein umfassendes Bild eines Beziehungsendes zu vermitteln.

Prüfungsbeispiele

Zum Ersten Prüfungsteil

Seite 70

❶ Antwort d) ist richtig.

❷ Antwort b) ist richtig.

❸ Antwort c) ist richtig.

❹ a) körperlich: Einfluss der Hormone
b) familiär: Patchwork-Verhältnisse
c) gesellschaftlich: Krisen beherrschen die Welt

❺ Antwort c) ist richtig.

6 Antwort b) ist richtig.

7 Antwort a) ist richtig.

8 Antwort c) ist richtig.

9 *So könnte deine Lösung aussehen:*
Ich finde diese Aussage auch sehr oberflächlich. Ob ein Mensch z. B. klug, höflich, hilfsbereit oder rücksichtsvoll ist, kann man nicht an seinem Äußeren, sondern nur an seinem Verhalten erkennen. Das denkt die Wissenschaftlerin sicher auch. Ihr Auftraggeber stellt aber Produkte her, mit denen man sein Äußeres „verbessern" kann, deshalb passt dieses Ergebnis ganz gut.

10 *So könnte deine Lösung aussehen:*
Ich denke, dass dieser Satz gut zu den Antworten in Punkt 7 und 9 passt. Vielen der befragten Jugendlichen ist es offenbar vor allem wichtig, nicht negativ aufzufallen, und dabei kommt es in ihren Augen besonders auf das Äußere an. Außerdem scheint ihnen Freundschaft wichtiger zu sein als Erotik (Zeile 84-86; Antwort auf Frage 7). Deshalb verzichten viele auf entsprechende Signale. Außerdem besteht natürlich das Risiko negativ aufzufallen, wenn man mit dem Schminken Eindruck auf das andere Geschlecht machen möchte. Jedem fallen da sofort abschreckende Beispiele ein. Für sehr viele Jugendliche stimmt diese Aussage meines Erachtens.

Zum Zweiten Prüfungsteil

Prüfungsbeispiel:
Einen informierenden Text verfassen

So könnte deine Lösung aussehen:

Ein Auslandsaufenthalt erweitert den Horizont

..., darin waren sich die Mitglieder unserer Arbeitsgruppe am Ende einig, nachdem wir uns im Rahmen der Projektwoche „Was kommt nach der 10. Klasse?" mit diesem Thema beschäftigt hatten. Unsere wichtigsten Ergebnisse haben wir in dieser Broschüre zusammengefasst, um auch andere für diese großartige Idee zu begeistern.

- Zunächst stellen wir die wichtigsten Gründe vor, die dafür sprechen, sich intensiv mit diesem Thema zu beschäftigen.
- Im Anschluss beschreiben wir, welche Möglichkeiten es für junge Menschen gibt, Zeit im Ausland zu verbringen.
- Weil die wenigsten von uns Eltern haben, die solch einen Aufenthalt ohne Weiteres bezahlen können, widmen wir ein eigenes Kapitel der Frage, welche Möglichkeiten es gibt, den Auslandsaufenthalt zu finanzieren.

Von den vielen Gründen für einen Auslandsaufenthalt, die wir bei unserer Arbeit gefunden haben, hat uns der Gedanke der Horizonterweiterung am meisten überzeugt: Du kannst auf diese Weise andere Kulturen besser kennen lernen als durch Filme, Bücher oder in einem kurzen Urlaub am Strand bzw. bei der Besichtigung von Sehenswürdigkeiten. Vor allem wirst du auch dich selbst besser kennen lernen, wenn du dich längere Zeit in einer Umgebung bewegst, in der du zunächst fremd bist, und dich mit deinen eigenen Unsicherheiten und Ängsten auseinandersetzen musst. Viele berichten, dass sie sich nach einer solchen Phase stärker und mutiger gefühlt haben. Außerdem werden sich deine Fremdsprachenkenntnisse enorm verbessern, wenn du dich längere Zeit in einem Land aufhältst, dessen Sprache du schon ein wenig beherrscht. Hier kannst du die Sprache sehr viel intensiver lernen, als es jemals in einer Schule möglich wäre. Das ist ein Grund dafür, dass im Lebenslauf gern auf einen längeren Auslandsaufenthalt hingewiesen wird. Außerdem zeugt er von der Weltoffenheit und Flexibilität der Bewerberin / des Bewerbers und wird deshalb ihre/seine Chancen auf dem Arbeitsmarkt vergrößern.

Viele gehen davon aus, dass ein Austauschjahr nur für Gymnasiasten mit sehr guten Noten infrage kommt. Der AJA (Arbeitskreis gemeinnütziger Jugendtauschorganisationen) weist in seinen Broschüren und auf seiner Homepage jedoch darauf hin, dass auch Hauptschüler und Realschüler teilnehmen können, weil viele Organisationen bei der Auswahl nicht nur die Noten, sondern auch Eigenschaften wie Motivation, Anpassungsbereitschaft und Offenheit berücksichtigen.

Zu bedenken ist, dass häufig die Klasse wiederholt werden muss, wenn der Auslandsaufenthalt während des 10. Schuljahres stattfindet, was angesichts der vielen damit verbundenen Vorteile unserer Meinung nach aber zu verkraften ist.

Nun wird aber nicht jeder so viel Zeit und Geld aufwenden können, um für ein ganzes Jahr ins Ausland zu gehen, obwohl das in unseren Augen empfehlenswert wäre. Auch bei kürzeren Aufenthalten lassen sich die positiven Wirkungen wenigstens ansatzweise erzielen.

Als Beispiel möchten wir das Projekt „Windows on America" in Berlin anführen, das Schülern, die sich das sonst nicht leisten könnten, einen zweiwöchigen Aufenthalt in einer amerikanischen Gastfamilie ermöglicht. Diese Aktivität geht auf die Initiative der Frau eines amerikanischen Botschafters zurück, deren Ziel es war, jungen Menschen einen anderen Blick auf die USA zu ermöglichen.

Während bei diesem Projekt immer noch jemand da sein muss, der das nötige Geld stiftet, kommt ein anderes fast ganz ohne Geld aus: das Programm „Switch", das von dem Hamburger Verein „Kulturbrücke" veranstaltet wird. Es ermöglicht zwar keinen „echten" Auslandsaufenthalt, aber bietet kleinen Gruppen von Kindern unterschiedlicher Herkunft die Möglichkeit, einen Tag in einer ausländischen Familie, die sie bisher noch nicht kannten, zu verbringen. So können sie in gemeinsamen Unternehmungen, die die jeweiligen Familien nach eigenen Vorstellungen planen, deren Sitten und Gebräuche kennen lernen. Der einzige Punkt, der vom Verein verbindlich vorgeschrieben wird, ist das gemeinsame Essen. Hier können wichtige interkulturelle Erfahrungen gemacht werden und auf diese Weise kann das Interesse an einem „echten" Auslandsaufenthalt geweckt werden. Wer sich früh mit diesem Thema beschäftigt, kann sich auch rechtzeitig Gedanken darüber machen, wie dieser finanziert werden kann.

Unsere Gruppe war sich einig, dass die Jugendlichen auf alle Fälle versuchen sollen, einen eigenen finanziellen Beitrag dazu zu leisten. Der wichtigste Tipp, den wir gefunden haben, war der, eine Mischfinanzierung anzustreben, sich also um Geld aus verschiedenen Quellen zu bemühen. Manche sparen regelmäßig einen Teil des Taschengeldes und zahlen ebenso einen Teil des Verdienstes aus dem Ferienjob auf ein eigenes Auslandsjahr-Konto ein. Andere wünschen sich zum Geburtstag und zu Weihnachten statt eines Geschenkes einen Betrag für dieses Konto. Andere haben gezielt Personen aus der Verwandtschaft, aus dem Bekanntenkreis und aus der Nachbarschaft angesprochen, um sie als „Sponsoren" für dieses Anliegen zu gewinnen, die später auf geeignete Weise – z.B. in einem Internet-Blog über den Verlauf des Aufenthaltes – informiert werden. Auch wenn es sich jeweils um kleine Beträge handelt, kann eine solche Mischfinanzierung am Ende doch einen großen Betrag erbringen, der reichen kann, dieses spannende Vorhaben zu finanzieren.

In unserer Arbeitsgruppe sind wir zu der Überzeugung gekommen, dass sich diese Bemühungen im Blick auf die vielen wichtigen Erfahrungen, die ein Auslandsaufenthalt mit sich bringt, auf alle Fälle lohnen werden. Wichtige Erfahrungen kann man auch machen, wenn man, wie hier beschrieben, die Finanzierung zumindest teilweise selbst auf die Beine stellt.

Weitere nützliche Informationen rund um das Thema „Auslandsaufenthalt" finden sich im Internet auf den folgenden Seiten: *www.schueleraustausch-abc.de* (M2) und *www.travelworks.de* (M5).

Die Gründe, die für ein Austauschjahr sprechen, fanden wir in einem Artikel der Online-Zeitung „huffingtonpost" (M1). Der Hinweis auf das Projekt „Windows on America" entstammt einem Artikel aus dem „Tagesspiegel" (M3), von den Aktivitäten der „Kulturbrücke" erfuhren wir über die Internetseite der Deutschen Welle: *www.dw.com* (M4).

Prüfungsbeispiel: Einen literarischen Text analysieren – Prosa

Seite 78

Den Text „Liebe Mom, lieber Dad" hat Irene Dische im Jahre 2007 geschrieben. Es handelt sich um einen Brief, in dem eine Tochter mit ihren Eltern nach sechs Wochen wieder Kontakt aufzunehmen versucht, nachdem sie beim letzten Mal im Streit auseinandergegangen sind.

Die Tochter beginnt ihren Brief mit einer Erklärung dafür, dass sie sich lange nicht gemeldet hat. Sie habe nach einem schweren Unfall lange im Krankenhaus gelegen. Dieser Unfall habe sich ereignet, als sie nach ihrem letzten Besuch bei den Eltern, der in einem Streit geendet hatte, in äußerster Erregung mit ihrem Auto, in dem auch noch ihre Freundin Jackie gesessen habe, weggefahren sei. Bei dem Unfall habe es insgesamt sechs Tote gegeben, sie selbst habe nur knapp überlebt und schwerste Verletzungen erlitten, die bleibende Schäden hinterlassen würden.

Dies schildert sie in aller Ausführlichkeit, um dann im letzten Absatz zu offenbaren, dass das alles gar nicht wahr sei. Sie habe inzwischen geheiratet und sei im fünften Monat schwanger. Von dieser Schwangerschaft habe sie beim letzten Besuch erzählen wollen, sei dann aber nicht dazu gekommen, weil die Eltern über ihren Freund hergezogen seien. Sie entschuldigt sich für den ersten Absatz des Briefes, den sie nur verfasst habe, damit die Eltern ihre Neuigkeiten im rechten Licht sähen. Sie hoffe auf einen baldigen Besuch.

Die Briefeschreiberin ist im ersten Teil sehr ausführlich. Sie schildert in vielen Einzelheiten die Umstände des Besuchs und ihre innere Reaktion auf die Vorhaltungen der Eltern. Auch die anschließende Autofahrt wird sehr anschaulich beschrieben, ebenso der unter diesen Umständen fast unvermeidliche Unfall mit seinen schrecklichen Folgen. Die Schilderung dieser Folgen – die Freundin Jackie tot, ein kleiner Junge einziger Überlebender einer sechsköpfigen Familie im entgegenkommenden Wagen – könnte der Höhepunkt ihres Berichtes sein, doch anschließend schildert sie in allen Einzelheiten die Verletzungen, die sie davongetragen hat: Sie muss im Gesicht noch einmal operiert werden, wird wahrscheinlich nicht mehr richtig laufen können und keine Kinder mehr bekommen können. Sie wird ihre Eltern also nicht mehr zu

Großeltern machen können. Aber auch damit ist der dramatische Höhepunkt noch nicht erreicht, schlimmer als all dies sind die Gewissensqualen angesichts der Tatsache, dass sie Jackies Eltern ihr einziges Kind und einem kleinen Jungen all seine Angehörigen genommen habe. In dem Bekenntnis „Und ich bin schuld" (Z. 75) findet ihre Geschichte schließlich ihren Höhepunkt. Nach diesem erst erzählt sie die Wahrheit, nämlich, dass sie den Freund, den ihre Eltern ablehnen, geheiratet habe und auch von ihm schwanger sei.

Der Satz „Und ich bin schuld" kommt ein wenig überraschend. Eigentlich enthält der Brief den Vorwurf an die Eltern, dass sie die Tochter durch ihr Unverständnis wütend gemacht, sie also in eine Verfassung gebracht hätten, die fast unvermeidlich zum Unfall geführt habe. Das hätte aber bei Eltern eine Abwehr hervorgerufen und die erhoffte Wirkung – uneingeschränktes Mitleid mit der Tochter – womöglich verhindert.

Von der Reaktion der Eltern erfährt der Leser nichts, die Geschichte hat ein offenes Ende, womit ein wichtiges Merkmal einer Kurzgeschichte erfüllt ist. Ein weiteres ist der unvermittelte Beginn. Außerdem tritt in dem Text eine überraschende Wende ein – in dem Augenblick, in dem offenbart wird, dass der Unfall mit seinen dramatischen Folgen eine Erfindung war. Es ist ein kurzer Text und es gibt einen personalen Erzähler sowie eine Kernaussage, die sich in dem Satz andeutet „Ich wollte, dass ihr meine Neuigkeiten im richtigen Licht seht."

Die Lehre der Tochter an ihre Eltern könnte also etwa so lauten: „Es hätte alles viel schlimmer kommen können. Gemessen an der Möglichkeit eines so schlimmen Unfalls ist meine Hochzeit mit dem ungeliebten Schwiegersohn doch wirklich ein kleines Problem. Urteilt doch bitte nicht so vorschnell!"

Die Kritik der Mitschülerin an dem Vorgehen der Tochter kann ich gut nachvollziehen. Es ist ihr gutes Recht, ihre Meinung und ihre Interessen den Eltern gegenüber deutlich zu vertreten und notfalls auch nach ihren Maßstäben zu handeln und damit einen Konflikt in Kauf zu nehmen. Ich finde es aber nicht in Ordnung, die Eltern mit einer erfundenen Geschichte in Angst und Schrecken zu versetzen. Die Lektüre des Briefes könnte einen Herzinfarkt hervorrufen.

Prüfungsbeispiel: Einen literarischen Text analysieren – Gedicht

Seite 80

Das Gedicht „Im Nebel" hat Hermann Hesse im Jahre 1905 geschrieben. Es beschäftigt sich mit dem Thema „Einsamkeit".

Das Gedicht gliedert sich in vier Strophen zu jeweils vier Versen, die durch einen Kreuzreim miteinander verbunden sind. Es liegt kein einheitliches Metrum vor. Der letzte Vers in der ersten und in der letzten Strophe hat jeweils durch die Kürze einen anderen Rhythmus als die übrigen. Ihnen kommt dadurch ein besonderes Gewicht zu.

In der ersten Strophe geht es um eine konkrete Naturbeobachtung, in der zweiten um eine Erinnerung, die durch die Beobachtung ausgelöst wurde. In der dritten wird eine allgemeine Erkenntnis daraus abgeleitet. In der letzten wird noch einmal die Situation in der ersten Strophe angesprochen, jetzt aber gedeutet im Sinne der Überlegungen in den beiden mittleren Strophen: Es wird jetzt deutlich: Die Einsamkeit der Bäume symbolisiert die Einsamkeit des Menschen.

Das lyrische Ich nimmt zu Anfang des Gedichts wahr, wie sich der Nebel über die Landschaft gelegt hat und fast alles verdeckt, sodass nur noch wenige Einzelheiten aus dem Grau auftauchen, z. B. Busch, Stein und Baum. Der Nebel trennt die Bäume voneinander, die jetzt keinen Wald mehr bilden, sondern einzeln für sich stehen. Dieses Bild erinnert das lyrische Ich daran, dass in seinem Leben eine Änderung eingetreten ist, dass auch dort der Nebel die Helligkeit abgelöst hat und den Blick auf die Freude nimmt. Hier in der zweiten Strophe steht das persönliche Schicksal des lyrischen Ichs im Mittelpunkt, in der dritten geht es um die Erkenntnis, dass dies Schicksal nicht nur ihm, sondern allen droht und dass nur derjenige weise ist, der darum weiß, dass das „Dunkel" (V. 10) ihn „unentrinnbar" (V. 11) von allen anderen trennen wird, und der sein Leben im Wissen um dessen Endlichkeit führt.

Die letzte Strophe hat viele Übereinstimmungen mit der ersten. Hier wird die eingangs beschriebene Situation im Nebel gedeutet im Lichte der Erkenntnisse, die in den beiden mittleren Strophen entwickelt wurden – nicht nur Busch, Baum und Stein sind einsam, auch die Menschen sind es, ausnahmslos. Die besonders hervorgehobenen Worte („Jeder ist allein", V. 16) werden noch einmal wiederholt und stehen als Fazit am Ende des Gedichts.

Mit den Worten „Dunkel" (V. 10) und „Nebel" (V. 1, V. 7, V. 13) könnte der Tod angesprochen sein. Ein Thema, das einem bei einer Wanderung wie der in der ersten Strophe beschriebenen, in den Sinn kommen könnte. Die meisten werden aber darauf vertrauen, dass der Nebel sich wieder lichtet und nichts und niemand endgültig verschwunden ist. Dem lyrischen Ich kommt aber der Gedanke, dass angesichts des Todes alle allein sind.

Es ist nachvollziehbar, wenn der Mitschüler heftig kritisiert, dass das lyrische Ich schließlich schlussfolgert: „Leben ist Einsamsein". Auch für das lyrische Ich gab es ja eine Phase, in der „voll von Freunden war mir die Welt" (V. 5). Genauso wenig wie der Nebel das auslöscht, was er vorübergehend bedeckt hat, genauso wenig kann das Wissen um das „Dunkel" die „lichten" Momente endgültig löschen, mit dem Wissen um ihre Endlichkeit kann man vielleicht aber anders damit umgehen.